中等职业教育“十四五”规划教材
职业教育课程改革规划创新教材

税收基础习题集

汪文艳　马雪莹　胡　盼　主编

中国石化出版社
HTTP://WWW.SINOPEC-PRESS.COM
中国经济出版社
CHINA ECONOMIC PUBLISHING HOUSE
·北京·

内 容 提 要

本书是《税收基础》的配套习题集，是为中等职业学校财务会计专业和经济类有关专业编写的配套重难点知识训练习题，教师在授课后可以配套使用，减轻备课工作量。本书以市场经济理论和公共财政原理为基础，以中国现行税收制度和税务管理法律法规为依据，按照中等职业学校财务会计专业和经济类有关专业培养目标的要求，对相关内容进行了更新、调整、补充、完善。内容逻辑清晰，理论扎实。鉴于我国税改的现状，采用最新税率编写完成，并根据后续税改持续跟踪更新。每章节采用思维导图给出框架。

本书适合中等职业学校财务会计专业和经济类有关专业学生和在职财务人员参考使用。

图书在版编目(CIP)数据

税收基础习题集 / 汪文艳，马雪莹，胡盼主编.
北京 ：中国石化出版社，2025. 6. — ISBN 978-7-5114-7938-9

Ⅰ. F812. 423-44

中国国家版本馆 CIP 数据核字第 2025Z16G50 号

中国石化出版社出版发行

地址：北京市东城区安定门外大街 58 号
邮编：100011　电话：(010)57512500
发行部电话：(010)57512575
http://www. sinopec-press. com
E-mail：press@ sinopec. com
北京艾普海德印刷有限公司印刷
全国各地新华书店经销

*

787 毫米×1092 毫米 16 开本 10. 25 印张 243 千字
2025 年 6 月第 1 版　2025 年 6 月第 1 次印刷
定价：33. 00 元

《税收基础习题集》

编　委　会

主　编：汪文艳　马雪莹　胡　盼

副主编：梁学东　秦　蕾　童慕雪

　　　　陈舒静　汪丽文

编　委：吴　双　李　鑫　高沙沙

　　　　欧冬玲　张晓婷　王　瑶

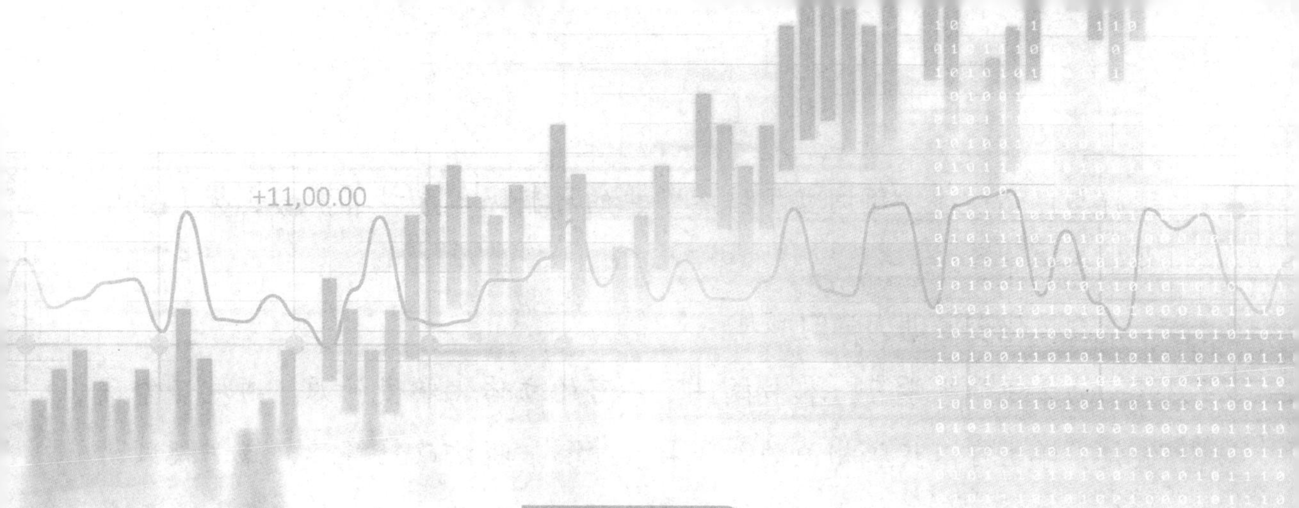

前 言

随着国家税收政策的不断调整与完善，如数字化电子发票的全面推广、水资源费改税试点的深入推进等，税收在国家治理和经济发展中的作用越发重要。为了满足职业教育学生对税收知识学习与应用能力培养的需求，我们精心编写了这本《税收基础习题集》。本书旨在通过系统化、多样化的习题设计，巩固学生对税收基础知识的掌握，提升其税收实务操作能力，助力学生更好地适应未来财税岗位的要求。

本书具有以下特点：

习题设计紧贴教材与实际

依据《税收基础》教材内容，按照章节顺序编排习题，涵盖税收政策解读、税种计算、纳税申报等核心知识点，确保学生在学习理论知识后，能够通过习题进行针对性的巩固与应用。同时，结合企业实际涉税业务场景，设计大量真实案例分析题，帮助学生将理论与实际相结合，培养解决实际问题的能力。

多种题型综合训练

本书精心设计了多种题型，包括选择题、判断题、计算题等。选择题和判断题注重对基础知识的考查，帮助学生快速检验对概念、政策的理解与记忆；计算题侧重于培养学生的逻辑思维和计算能力，提升学生的综合素养。

立体化资源助力学习

为方便学生学习，本书提供了丰富的立体化学习资源。通过二维码链接，学生可以获取相关的知识拓展资料、税法政策解读、微课视频讲解等，帮助学生更好地理解习题背后的理论知识，拓宽知识面，方便学生随时检验学习效果，提高学习效率。

对接“岗、课、赛、证”，强化实践应用

本书紧密对接财税岗位的实际需求，围绕“1+X”职业技能等级证书、技能大赛等要求，设计了相关知识点的专项练习题和模拟试题。通过系统化的训练，学生不仅能够掌握扎实的理论知识，还能提升实际操作技能，为参加职业技能等级证书考试、技能大赛以及未来就业打下坚实的基础，实现“岗、课、赛、证”有机融合。

校企合作，确保实用性和前瞻性

本书的编写过程中，充分融合了学校与企业的智慧和经验。邀请了多位具有丰富实践经验的企业财税专家参与编写和审校，确保习题内容的实用性和前瞻性。同时，结合职业教育的特点，注重对学生职业能力的培养，帮助学生更好地适应未来职业发展的需求。

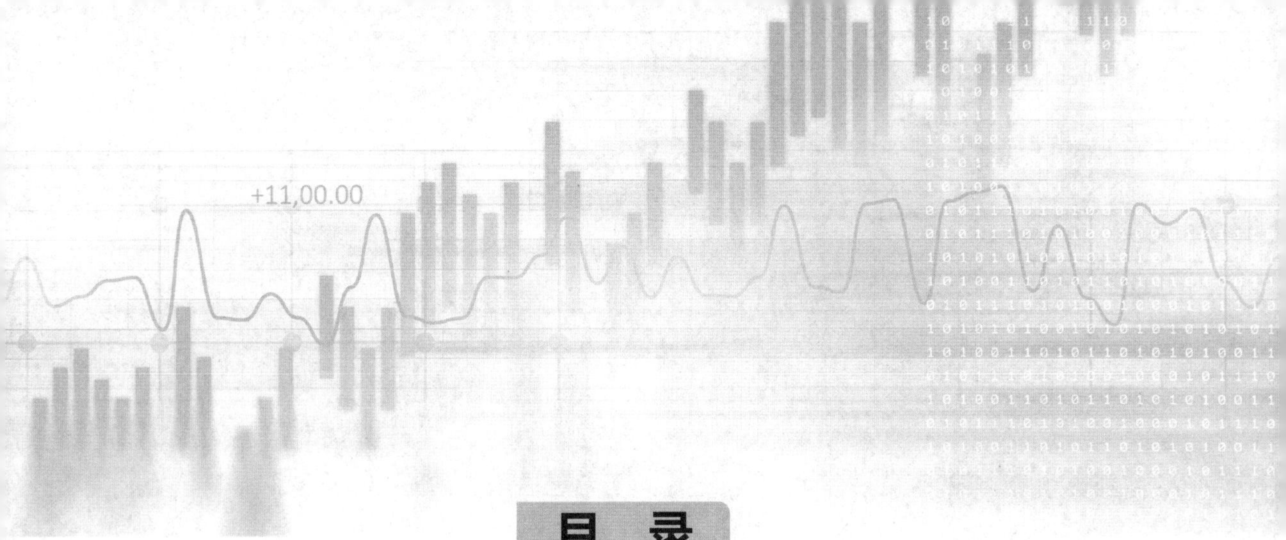

目 录

第一章　税收基础概述

内容回顾

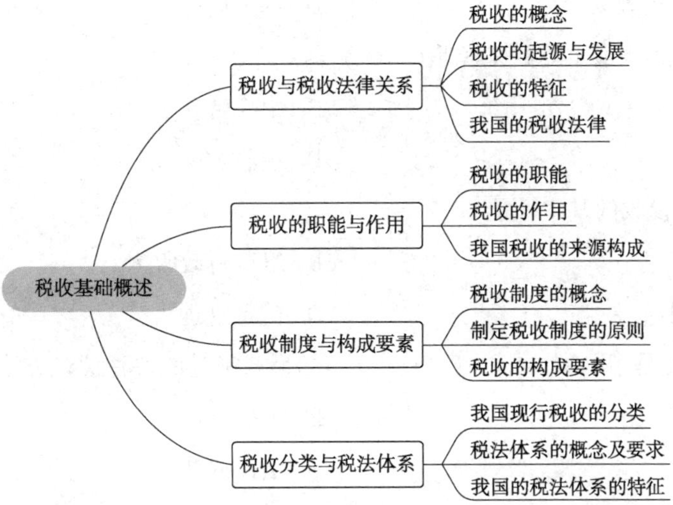

一、单项选择题

1.（　　）是国家（或政府）公共财政最主要的收入形式和来源。

A. 发行债券　　B. 基建开发

C. 税收　　D. 农业收入

2. 税收的本质体现（　　）关系。

A. 管理　　B. 特殊分配

C. 治理　　D. 财政

3. 公元前594年鲁国实行了（　　），按平均产量对土地征税。

A. 分税制　　B. 初税亩

C. 两税法　　D. 摊丁入户

4. 税收的强制性依靠(　　)实施。

A. 政治权力　　B. 公民自律

C. 惩罚措施　　D. 政府倡议

5. 税收是(　　)税收的本质体现。

A. 强制性　　B. 无偿性

C. 固定性　　D. 稳定性

6. (　　)可以制定和颁布税收法律。

A. 省级政府　　B. 国务院

C. 国家税务总局　　D. 全国人民代表大会及其常务委员会

7. 征税主体只能是(　　)。

A. 国家　　B. 执法机关

C. 全国人民代表大会　　D. 国务院

8. 我国财政收入最重要的来源是(　　)。

A. 发行国债　　B. 中央转移支付

C. 非税收入　　D. 税收收入

9. (　　)是税收的基本职能。

A. 调控经济　　B. 组织财政收入

C. 收入分配　　D. 监督管理

10. 税收制度是指国家(或政府)以(　　)的形式确定的各种课税方法的总称。

A. 行政方式　　B. 管理条例

C. 行业规范　　D. 法律或法规

11. 对同部分、同行业内部的不同生产者课以同等的税收，做到公平税负，借以强化(　　)的作用。

A. 价值规律　　B. 竞争规律

C. 宏观调控　　D. 微观调控

12. 以下哪一个不属于税收总则包括的内容？(　　)

A. 立法依据　　B. 立法目的

C. 征税对象　　D. 适用原则

13. (　　)是税收制度的中心环节。

A. 税率　　B. 税种

C. 税目　　D. 税项

14. (　　)也称为“税收通则”，是税法体系的主体和核心。

A. 税收普通法　　B. 税收实体法

C. 税收程序法　　D. 税收基本法

15. 中央政府与地方政府对增值税的分享比例为(　　)。

A. 20∶80　　B. 30∶70

C. 40∶60　　D. 50∶50

二、多项选择题

1. 税收的特征包括(　　)。

A. 稳定性　　B. 强制性

C. 无偿性　　D. 固定性

E. 规范性

2. 税收法律关系由(　　)等方面组成。

A. 主体　　B. 客体

C. 喻体　　D. 程序

E. 内容

3. 税收的职能包括(　　)。

A. 管理职能　　B. 分配职能

C. 财政职能　　D. 经济职能

E. 监督职能

4. 通过税种的设置，可以调节社会(　　)等环节。

A. 生产　　B. 交换

C. 流通　　D. 分配

E. 消费

5. 广义的税收制度包括(　　)。

A. 税收管理制度　　B. 税收惩罚制度

C. 税收奖励制度　　D. 税收征收管理制度

E. 税收约束制度

6. 区别对待则是指国家根据(　　)，对不同地区、不同产业部门、不同产品在税收上采取的某种差别待遇。

A. 财政政策　　B. 经济政策

C. 社会政策　　D. 税收政策

E. 货币政策

7. 科学合理地设置税率是正确处理(　　)的分配关系。

A. 国家　　B. 集团

C. 企业　　D. 单位

E. 个人

8. 地方政府固定收入税包括(　　)。

A. 城镇土地使用税　　B. 耕地占用税

C. 土地增值税　　D. 房产税

E. 车船税　　F. 契税

9. 按照税收征收管理范围分类，可分为(　　)等系统负责征收管理。

A. 社保　　B. 税务

C. 海关　　D. 财政

E. 工商

10. 完备的税法体系应具备以下特征(　　)。

A. 完整性　　B. 一致性

C. 权威性　　D. 科学合理性

E. 严肃性

三、判断题(正确的打"√"，错误的打"×")

1. 税务机关按法定程序依法征税，不得随意减征、停征或免征，无法律依据不征税，也是税收法定原则的体现。(　　)

2. 税基又叫计税依据，是据以计算征税对象应纳税款的直接数量依据，是对征税对象质的界定。(　　)

3. 税收分配是社会剩余产品由纳税人向国家有偿的、单向的转移，税收征纳关系始终是一对矛盾。(　　)

4. 税法是引起税收法律关系的前提条件，但税法本身并不能产生具体的税收法律关系。(　　)

5. 纳税人未按规定缴纳税款的，税务机关除责令限期缴纳外，还应按月加征滞纳税款万分之五的滞纳金。(　　)

6. 海关法属于税收程序法。(　　)

7. 税收管理体制的核心内容是划分税种。(　　)

8. 政府在制定税收政策时，首先要考虑保证它的政府支出需要。(　　)

9. 实行多次课征制，税源集中，便于征管。 （ ）

10. 税收法律责任，是指税收法律关系的客体因违反税收法律规范所应承担的法律后果。 （ ）

四、简答题

（一）怎么理解税收是调节收入分配的重要工具？

（二）怎么理解税收制度中“公平税负，区别对待”的原则？

答案及解析

一、单项选择题

1. C

解析：税收是政府为实现其职能的需要，凭借其政治权力并按照特定的标准，强制、无偿地取得财政收入的一种形式，它是现代国家财政收入最重要的收入形式和最主要的收入来源。

2. B

解析：税收的本质是体现着作为权力主体的国家，在取得财政收入的分配活动中，同社会集团、社会成员之间所形成的一种特定分配关系，它是社会整个产品分配关系的有机组成部分，也是社会整个生产关系的有机组成部分。

3. B

解析：初税亩，春秋时期，鲁国在宣公十五年(公元前 594 年)实行的按亩征税的田赋制度，它是承认私有土地合法化的开始。

4. A

解析：税收的强制性是指国家征税凭借的是国家的政治权力，通过颁布法令实施，任何单位和个人都不得违抗。

5. B

解析：税收的本质，是国家以法律规定向经济单位和个人无偿征收实物或货币所形成的特殊分配关系。这种分配关系，集中反映了国家与各阶级、各阶层的经济关系、利益关系。

6. D

解析：在我国只有全国人民代表大会和它的常务委员会依法定程序制定和颁布的规范性文件才能被称为税收法律。

7. A

解析：税收是以国家为主体的特殊分配形式，所以征税主体只能是国家，而不是其他主体。在我国，征税主体的具体部门有税务部门、财政部门和海关。

8. D

解析：税收是政府为实现其职能的需要，凭借其政治权力并按照特定的标准，强制、无偿地取得财政收入的一种形式，它是现代国家财政收入最重要的收入形式和最主要的收入来源。

9. B

解析：税收自产生之日起，就具备了筹集财政收入的职能，并且这是其最基本的职能。

10. D

解析：税收制度是指国家(或政府)以法律或法规的形式确定的各种课税方法的总称。它属于上层建筑范畴，是政府税务机关向纳税人征税的法律依据，也是纳税人履行纳税义务的法律规范。

11. A

解析：公平税负是指在商品经济条件下，对同部分、同行业内部的不同生产者课以同等的税收，做到公平税负，借以强化价值规律的作用，促进竞争，鼓励先进，鞭策落后，降低劳动耗费，提高经济效益。

12. C

解析：税收总则包括立法依据、立法目的、适用原则等，征税对象属于税法的构成要素。

13. A

解析：税率是应纳税额与课税对象之间的比例，是计算应纳税额的尺度，它体现征税的深度。税率的设计，直接反映着国家的有关经济政策，直接关系着国家的财政收入的多少和纳税人税收负担的高低，所以，税率是税收制度的中心环节。

14. D

解析：税收基本法是税法体系的主体和核心，在税法体系中起着税收母法的作用。其基本内容一般包括税收制度的性质、税务管理机构、税收立法与管理权限、纳税人的基本权利与义务、征税机关的权利和义务、税种设置等。

15. D

解析：根据最新的政策文件，自 2016 年全面推开营改增试点后，调整了中央与地方增值税收入划分的过渡方案，确定了新的分享比例。在过渡期结束后，即自 2019 年起，继续保持增值税收入划分的“五五分享”比例不变，即中央分享增值税的 50%，地方按税收缴纳地分享增值税的 50%。

二、多项选择题

1. BCD

解析：税收是国家普遍采用的取得财政收入的形式，它与其他财政收入形式相比，具有强制性、无偿性、固定性等特征，习惯上称为“三性”。

2. ABE

解析：税收法律关系由主体、客体及内容组成。

3. CDE

解析：税收职能是指在一定社会制度下，税收这种分配关系本身在社会经济活动中内在固有的基本功能，它是税收本质的具体表现。在我国学术界，一般有“税收三职能”说，即税收有组织财政收入、调节经济和监督反映三个方面的职能。

4. ABDE

解析：税收作为国家经济杠杆之一，国家可以通过设置税种、调节税目和税率、加成征收或减免税收等方式，有效调节社会生产、交换、分配和消费，促进社会经济的健康运行。

5. AD

解析：广义的税收制度是指税收的各种法律制度的总称，它包括国家的各种税收法律法规、税收管理体制、征收管理制度以及税务机关内部管理制度等。

6. BC

解析：区别对待则是指国家根据经济政策、社会政策，对不同地区、不同产业部门、不同产品在税收上采取的某种差别待遇。

7. ACE

解析：税率是税收制度的中心环节，科学合理地设置税率是正确处理国家、企业和个人的分配关系，可以充分发挥税收经济杠杆的作用。

8. ABCDEF

解析：地方政府固定收入税包括城镇土地使用税、耕地占用税、土地增值税、房产税、车船税、契税。

9. BCD

解析：我国的税收分别由税务、财政、海关等系统负责征收管理，按照规定开展不同的税种管理活动。

10. ABCD

解析：完备的税法体系应具备完整性、一致性、权威性和科学合理性。

三、判断题

1. √

2. ×

解析：计税依据又叫税基，是指据以计算征税对象应纳税款的直接数量依据，它解决对征税对象课税的计算问题，是对课税对象的量的规定。

3. ×

解析：税收分配是社会剩余产品由纳税人向国家无偿的、单向的转移。

4. √

5. ×

解析：纳税人未按规定缴纳税款的，税务机关除责令限期缴纳外，还应按日加征滞纳税款万分之五的滞纳金。

6. √

7. ×

解析：税收管理体制的核心内容是划分税收管理权限。

8. √

9. ×

解析：实行一次课征制，税源集中，便于征管，可以避免重复课税。

10. ×

解析：税收法律责任是指税收法律关系的主体因违反税收法律制度的行为所引起的不利法律的后果，分为行政责任和刑事责任两种。

四、简答题

（一）怎么理解税收是调节收入分配的重要工具？

1. 公平收入分配。通过开征个人所得税、遗产税等，可以适当调节个人间的收入水平，缓解社会分配不公的矛盾，促进经济发展和社会稳定。

2. 鼓励平等竞争。在市场机制失灵的情况下，由于价格、资源等外部因素引起的不平等竞争，需要通过税收进行合理调节，以创造平等竞争的经济环境，促进经济的稳定和发展。

（二）怎么理解税收制度中“公平税负，区别对待”的原则？

公平税负是指在商品经济条件下，对同部分、同行业内部的不同生产者课以同等的税收，做到公平税负，借以强化价值规律的作用，促进竞争，鼓励先进，鞭策落后，降低劳动耗费，提高经济效益。区别对待则是指国家根据经济政策和社会政策，对不同地区、不同产业部门、不同产品在税收上采取的某种差别待遇。一般说来，凡是国家政策需要加以鼓励或照顾的，税收征管就应该宽松，凡是国家政策需要加以限制或特殊调节的，税收征管就应该严厉。公平税负与区别对待是辩证统一的关系。只讲公平税负，不讲区别对待，也就无从体现政策；只讲区别对待，不讲公平税负，则违背了市场经济条件下价值规律和竞争规律的要求。只有在公平税负的基础上区别对待，才能更好地促进经济发展。

第二章　增值税概述

内容回顾

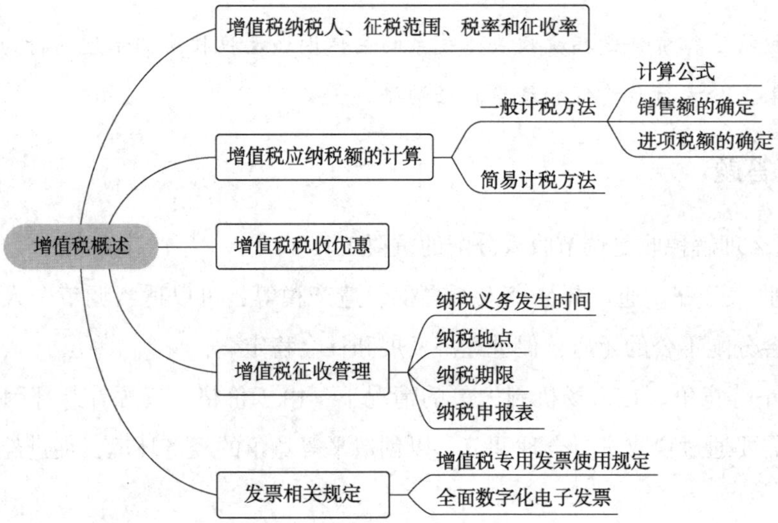

一、单项选择题

1. 根据增值税纳税人登记管理的规定，下列说法不正确的是(　　)。

A. 个体工商户年应税销售额超过小规模纳税人标准的，不能申请登记为一般纳税人

B. 增值税纳税人应税销售额超过小规模纳税人标准的，除另有规定外，应当向主管税务机关办理一般纳税人登记

C. 非企业性单位、不经常发生应税行为的企业，可以选择按照小规模纳税人纳税

D. 纳税人偶然发生的销售无形资产、转让不动产的销售额，不计入应税行为年应税销售额

2. 下列收入中，不征收增值税的是(　　)。

A. 被保险人获得的保险赔付

B. 纳税人取得的财政补贴收入

C. 贷款利息收入

D. 销售代销货物取得的收入

3. 下列货物，适用9%增值税税率的是(　　)。

A. 方便面　　B. 石油液化气

C. 调制乳　　D. 蚊香、驱蚊剂

4. 一般纳税人销售自行开发生产软件产品的增值税优惠政策是(　　)。

A. 即征即退　　B. 先征后退

C. 减半征收　　D. 先征后返

5. 关于小规模纳税人增值税政策，下列说法不正确的是(　　)。

A. 小规模纳税人月销售额扣除本期发生的销售不动产销售额后，未超过10万元的，其销售货物、劳务、服务、无形资产取得的销售额免征增值税

B. 2020年3月1日起，月销售额10万元以上的增值税小规模纳税人，免征增值税

C. 适用增值税差额征税政策的小规模纳税人，以差额后的销售额确定是否可以享受月销售额10万元及以下，免征增值税的政策

D. 按现行规定应预缴增值税税款的小规模纳税人，凡在预缴地实现的月销售额未超过10万元的，当期无须预缴税款

6. 下列纳税人，必须办理一般纳税人登记的是(　　)。

A. 其他个人

B. 非企业性单位

C. 不经常发生应税行为的单位

D. 年应税销售额超过500万元且经常发生应税行为的工业企业

7. 下列业务不属于增值税视同销售的是(　　)。

A. 单位无偿向其他企业提供建筑服务

B. 单位无偿为公益事业提供建筑服务

C. 单位无偿为关联企业提供建筑服务

D. 单位以自产的建筑材料对外投资

8. 下列各项业务中，不需要征收增值税的是(　　)。

A. 甲企业将自产的货物用于职工福利

B. 乙企业出租闲置的办公用房

C. 两个体工商户销售自己使用过的汽车(该汽车购入时未抵扣进项税额)

D. 某行政单位收取的符合条件的政府性基金

9. 某超市为增值税一般纳税人，2019 年 6 月销售蔬菜取得零售收入 24000 元，销售粮食、食用油取得零售收入 13200 元，销售其他商品取得零售收入 98000 元，2019 年 6 月该超市销项税额为(　　)元。

A. 12364. 25　　B. 14345. 9

C. 15547. 43　　D. 16157. 27

10. 某软件开发企业为增值税一般纳税人，2019 年 6 月销售自行开发生产的软件产品，取得不含税销售额 68000 元，从国外进口软件进行本地化改造后对外销售，取得不含税销售额 200000 元。本月购进一批电脑用于软件设计，取得的增值税专用发票注明金额 100000 元。该企业上述业务应退增值税(　　)元。

A. 6920　　B. 8040

C. 13800　　D. 21840

11. 下列行为中，应缴纳增值税的是(　　)。

A. 单位员工为本单位提供取得工资的运输服务

B. 存款利息

C. 个人销售自建自用住房

D. 企业销售自产的货物

12. 某食品生产企业为增值税一般纳税人，2019 年 4 月销售货物，开具的增值税专用发票上注明金额 120 万元。开收据收取包装物押金 3 万元、优质费 2 万元。包装物押金单独记账核算。该企业当月增值税销项税额为(　　)万元。

A. 15. 60　　B. 15. 83

C. 15. 95　　D. 16. 18

13. 某啤酒厂为增值税一般纳税人，2020 年 6 月销售啤酒，开具增值税专用发票上的销售额 800 万元，已收取包装物押金 23. 4 万元；本月逾期未退还包装物押金 56. 5 万元。6 月该啤酒厂增值税销项税额为(　　)万元。

A. 110. 5　　B. 116. 24

C. 136. 07　　D. 144. 5

14. 2020 年 6 月，某运输公司(增值税一般纳税人)为灾区无偿提供运输服务，发生运输服务成本 2 万元，成本利润率为 10%，无最近同期提供同类服务的平均价格。当月为 A 企业提供运输服务，取得含税收入 5. 5 万元。该运输公司当月上述业务的销项税额为(　　)万元。

A. 0. 45　　B. 0. 72

C. 0. 77　　D. 0. 55

15. 某企业为增值税一般纳税人，5 月买入 A 上市公司股票，买入价 280 万元，支付手续费 0. 084 万元。当月卖出其中的 50%，发生买卖负差 10 万元。同年 6 月，卖出剩余的 50%，卖出价为 200 万元，支付手续费 0. 06 万元，印花税 0. 2 万元。该企业 6 月应缴纳增值税(　　)万元。(以上价格均为含税价格)

A. 3. 00　　B. 3. 38

C. 2. 81　　D. 2. 83

16. 2020 年 6 月，张某销售一套住房，取得含税销售收入 460 万元，该住房于 2018 年 8 月购进，购进时支付房价 100 万元，手续费 0. 2 万元，契税 1. 5 万元，张某销售住房应缴纳增值税(　　)万元。

A. 21. 90　　B. 17. 14

C. 12. 05　　D. 0

17. 关于转让金融商品征收增值税的规定，下列说法正确的是(　　)。

A. 买入价按先进先出法确定

B. 按照卖出价扣除买入价后的余额为计税销售额

C. 转让金融商品出现的负差可结转到下一个会计年度的金融商品销售额中抵扣

D. 以卖出价为计税销售额

18. 某企业为增值税一般纳税人，2020 年 6 月承租一栋楼房，一楼作为职工食堂，二楼以上用作厂部研发机构。合约约定，租期 5 年，不含税租金共计 180 万元，按年支付。本月支付一年租金，取得增值税专用发票，注明金额 36 万元，税额 3. 24 万元。6 月准予从销项税额抵扣的进项税额为(　　)万元。

A. 0. 45　　B. 0. 5

C. 3. 24　　D. 3. 6

19. 某酒店为增值税一般纳税人，适用进项加计抵减政策，2019 年 5 月一般计税项目销项税额为 200 万元，当期可抵扣进项 150 万元，上期留抵 10 万元，则当期可计提的加计抵减额为(　　)万元。

A. 4　　B. 14

C. 16　　D. 15

20. 纳税人外购货物用于下列项目，进项税额可以抵扣的是(　　)。

A. 免税项目

B. 简易计税方法计税项目

C. 无偿赠送其他单位

D. 集体福利

21. 有关累进税率，下列说法正确的是(　　)。

A. 我国现行税法不采用的累进税率种类是超率累进税率

B. 我国现行土地增值税采用超额累进税率

C. 我国现行经营所得个人所得税适用 5 级超额累进税率

D. 超额累进税率和超率累进税率均为我国现行个人所得税法所采用

22. 根据增值税法律制度的规定，下列各项中，应按“销售无形资产”缴纳增值税的是(　　)。

A. 转让在建的建筑物所有权

B. 转让海域使用权

C. 转让建筑物有限产权

D. 转让建筑物永久使用权

23. 根据增值税法律制度的规定，下列各项中，应按照“现代服务”税目计缴增值税的是(　　)。

A. 经营租赁服务

B. 融资性售后回租

C. 保险服务

D. 旅游娱乐服务

24. 2022 年 5 月 8 日，甲公司与乙公司签订了买卖电脑的合同，双方约定总价款为 80 万元。6 月 3 日，甲公司就 80 万元货款全额开具了增值税专用发票，6 月 10 日，甲公司收到乙公司第一笔货款 45 万元，6 月 20 日，甲公司收到乙公司第二笔货款 35 万元。根据增值税法律制度的规定，甲公司增值税纳税义务发生时间为(　　)。

A. 5 月 8 日　　B. 6 月 3 日

C. 6 月 10 日　　D. 6 月 20 日

25. 甲食品厂为增值税一般纳税人，2022 年 9 月采取分期收款方式销售饮料，含税总价款为 113000 元，合同约定分期收款，本月应收取含税价款 56500 元。已知，增值税税率为 13%。甲食品厂当月销售饮料增值税销项税额的下列计算列式中，正确的是(　　)。

A. 56500×13%

B. 56500÷(1+13%)×13%

C. 113000÷(1+13%)×13%

D. 113000×13%

26. 根据增值税法律制度规定，下列各项中，应计入销售额计算增值税的是(　　)。

A. 销售货物时向购买方收取的包装物租金

B. 受托加工应征消费税的消费品向委托方收取的加工费(不含代收代缴的消费税)

C. 销售货物时向购买方收取的代购买方缴纳的车辆购置税

D. 销售货物时向购买方收取的符合条件的政府性基金

27. 根据增值税法律制度的规定，下列各项中，应并入销售额计算增值税的是(　　)。

A. 以委托方名义开具发票代委托方收取的款项

B. 销售货物向购买方收取的价款之外的优质费

C. 受托加工应征消费税的消费品所代收代缴的消费税

D. 销售货物的同时代办保险而向购买方收取的保险费

28. 甲酒厂为增值税一般纳税人，2022 年 10 月销售果木酒取得含增值税价款 904000 元，同时收取包装物押金 6780 元。已知，增值税税率为 13%。计算甲酒厂当月上述业务增值税销项税额的下列算式中，正确的是(　　)。

A. [904000+6780÷(1+13%)]×13%

B. (904000+6780)÷(1+13%)×13%

C. (904000+6780)×13%

D. 904000×13%

29. 甲商场为增值税一般纳税人，本月售出 A 产品 100 套，合计含税售价为 10735 元；为回馈老客户，当月又无偿赠送 B 产品 80 套，B 产品在甲商场正常的零售单价为 56. 5 元。已知，增值税税率为 13%，有关甲商场上述业务的销项税额，下列计算正确的是(　　)。

A. 10735×13%

B. 10735÷(1+13%)×13%

C. (10735+56. 5×80)×13%

D. (10735+56. 5×80)÷(1+13%)×13%

30. 甲企业是增值税一般纳税人，2022 年 10 月采用还本销售方式销售 A 型洗衣机 1000 台，购进成本为 2300 元/台，含税售价为 3164 元/台，与客户约定 1 年后退还货款的 50%，已知，A 型洗衣机市场零售价为 2825 元/台，增值税税率为 13%，成本利润率为 10%，甲企业以还本销售方式销售该 1000 台洗衣机的计税销售额为(　　)元。

A. 2500000　　　　B. 1400000

C. 2800000　　　　D. 3164000

二、多项选择题

1. 下列我国现行税种中，由海关负责征收和管理的有(   )。

A. 关税　　B. 烟叶税

C. 船舶吨税　　D. 资源税

2. 根据增值税法律制度的规定，下列各项中，应按照“金融服务”税目计算缴纳增值税的有(   )。

A. 转让有价证券　　B. 融资性售后回租

C. 货币兑换服务　　D. 财产保险服务

3. 根据增值税法律制度的规定，下列各项中，应按照“交通运输服务”税目计缴增值税的有(   )。

A. 车辆停放服务　　B. 湿租业务

C. 程租业务　　D. 期租业务

4. 某律师事务所为增值税一般纳税人，其发生的下列业务中，应缴纳增值税的有(   )。

A. 提供法律顾问服务，收取的法律顾问费

B. 无偿为社会公众提供法律咨询服务

C. 将自有闲置办公室用于出租

D. 代理民事案件，收取的代理费

5. 根据增值税法律制度的规定，下列各项中，不征收增值税的有(   )。

A. 开发企业代收的住宅专项维修资金

B. 商业银行提供直接收费金融服务收取的手续费

C. 存款人取得的存款利息

D. 被保险人获得的保险赔付

6. 根据增值税法律制度的规定，下列各项中，属于在境内销售货物、服务、无形资产或者不动产的有(   )。

A. 法国甲公司将其储存在上海的一批古玩在上海转售给境内乙公司

B. 法国的丙航空公司将中国游客从法国运送到德国

C. 法国的丁公司将其位于北京的一处办公楼转让给德国的戊公司

D. 法国的庚公司将其在中国境内使用的专利技术转让给境内己公司

7. 根据增值税法律制度的规定，下列各项中，属于混合销售行为的有(   )。

A. 购物中心既销售商品又提供餐饮服务

B. 装修公司在提供装修服务的同时销售装修材料

C. 家用空调专卖店在销售家用空调的同时提供安装服务

D. 门窗商店在销售门窗的同时提供送货服务

8. 根据增值税法律制度的规定，下列货物中，属于适用9%增值税税率的有(　　)。

A. 食用植物油　　B. 电子出版物

C. 农药　　D. 避孕药品及用具

9. 根据增值税法律制度的规定，下列单位或个人中，不能登记为增值税一般纳税人的有(　　)。

A. 个体工商户以外的其他个人

B. 年应税销售额300万元且会计核算不健全的企业

C. 个体工商户

D. 年应税销售额超过500万元的事业单位

10. 根据增值税法律制度的规定。下列有关增值税纳税义务发生时间的表述中，正确的有(　　)。

A. 进口货物，为报关进口的当天

B. 提供租赁服务采取预收款方式的，为收到预收款的当天

C. 采取托收承付和委托银行收款方式销售货物，为收到银行款项的当天

D. 从事金融商品转让的，为金融商品所有权转移的当天

11. 根据增值税法律制度的规定，企业下列项目的进项税额不得从销项税额中抵扣的有(　　)。

A. 外购货物用于个人消费

B. 生产应税产品购入的原材料

C. 因管理不善变质的库存购进商品

D. 因管理不善被盗的产成品所耗用的购进生产用原材料

12. 甲企业是一般纳税人，主要从事洗衣机的生产和销售，本月发生下列购进业务，准予依法抵扣进项税额的有(　　)。

A. 进口设备一台，取得海关进口增值税专用缴款书

B. 购进办公用打印纸一批，取得销售方开具的增值税专用发票

C. 接受某设计公司提供的设计服务，取得服务提供方开具的增值税普通发票

D. 从境外单位手中受让位于境内的办公室一处，取得代扣代缴税款的完税凭证

13. 根据增值税法律制度的规定，一般纳税人的下列行为中，可以选择适用简易计税方法的有(　　)。

A. 电影放映服务

B. 港口码头服务

C. 装卸搬运服务

D. 公共交通运输服务

14. 根据增值税法律制度的规定，一般纳税人销售下列货物，应当暂时按照简易办法依照3%征收率计算缴纳增值税的有(　　)。

A. 寄售商店代销寄售物品

B. 采砂场销售自采的砂、土

C. 典当行销售死当物品

D. 水泥厂销售以自产水泥为原料生产的水泥混凝土

15. 根据增值税法律制度的规定，下列各项中，免征增值税的有(　　)。

A. 农民销售自己种植的胡萝卜

B. 超市销售从马来西亚进口的榴梿

C. 林场销售自种自伐的红杉原木

D. 农贸公司批发销售其从原产地收购的猕猴桃

16. 根据增值税法律制度的规定，下列各项中，免征增值税的有(　　)。

A. 体育彩票发行单位发行体育彩票取得的收入

B. 在校大学生勤工俭学提供服务取得的收入

C. 养老机构提供养老服务取得的收入

D. 幼儿园提供保育服务取得的收入

17. 根据增值税法律制度的规定，下列有关固定业户纳税人纳税地点的表述中，不正确的有(　　)。

A. 销售商标使用权，应当向商标使用权购买方所在地税务机关申报纳税

B. 销售采矿权，应当向矿产所在地税务机关申报纳税

C. 销售设计服务，应当向设计服务发生地税务机关申报纳税

D. 销售咨询服务，应当向机构所在地税务机关申报纳税

18. 根据增值税法律制度的规定，商业企业一般纳税人零售的下列货物中，不能开具增值税专用发票的有(　　)。

A. 红酒　　B. 卷烟

C. 劳保鞋　　D. 食品

19. 根据我国现行增值税的规定，下列属于加工修理劳务应当缴纳增值税的有(　　)。

A. 房屋修缮　　B. 汽车维修
C. 汽车租赁　　D. 道路维修
E. 服装加工

20. 下列应按照“有形动产租赁服务”缴纳增值税的有(　　)。
A. 航空运输的干租业务
B. 有形动产经营性租赁
C. 水路运输的期租业务
D. 水路运输的程租业务
E. 有形动产融资租赁

21. 以下属于“有形动产租赁服务”范畴，应缴纳增值税的有(　　)。
A. 汽车租赁公司开展的汽车经营性租赁业务
B. 企业将自身闲置的机器设备通过融资租赁方式租给其他企业使用
C. 飞机租赁公司的湿租业务(同时提供机组人员等服务)
D. 企业将自己拥有的工业厂房租赁给其他企业作为仓库使用
E. 租赁公司开展的对大型机械设备的光租业务

22. 在下列服务项目中，属现代服务应当缴纳增值税的有(　　)。
A. 外文翻译
B. 施工设备租赁(配备人员)
C. 快递服务
D. 互联网接入
E. 网络教育服务

23. 在下列服务中，属于适用增值税进项税额加计抵减政策的有(　　)。
A. 餐饮服务　　B. 湿租业务
C. 贷款服务　　D. 旅游服务
E. 不动产经营租赁服务

24. 根据增值税纳税人登记管理的规定，下列说法正确的有(　　)。
A. 个体工商户年应税销售额超过小规模纳税人标准的，不能申请登记为一般纳税人
B. 增值税纳税人应税销售额超过小规模纳税人标准的，除另有规定外，应当向主管税务机关办理一般纳税人登记
C. 非企业性单位、不经常发生应税行为的企业，可以选择按照小规模纳税人纳税
D. 纳税人登记时所依据的年应纳税额，不包括税务机关代开发票的销售额
E. 纳税人偶然发生的销售无形资产、转让不动产的销售额，不计入应税行为年应税

销售额

25. 以下选项中属于加工修理修配劳务应当缴纳增值税的有(　　)。

A. 手表维修　　B. 设备修理

C. 服装加工　　D. 电脑维护(软件维护除外)

26. 下列业务中，不应按照“有形动产租赁服务”缴纳增值税的有(　　)。

A. 航空运输的湿租业务　　B. 车辆停放服务

C. 远洋运输的光租业务　　D. 融资性售后回租业务

27. 下列服务项目中，属于现代服务应当缴纳增值税的有(　　)。

A. 企业管理服务(包括对企业经营活动进行计划、组织、指挥、协调和控制等服务)

B. 物流辅助服务(如港口码头服务、货运客运场站服务等)

C. 信息技术服务(如软件服务、电路设计及测试服务等)

D. 文化创意服务(如广告服务、会议展览服务等)

E. 租赁服务(不包括融资性售后回租)(如不动产租赁、动产租赁等)

28. 在下列纳税人中，可以办理小规模纳税人登记的有(　　)。

A. 其他个人

B. 非企业性单位

C. 不经常发生应税行为的单位

D. 年应税销售额超过500万元且经常发生应税行为的工业企业

29. 在下列各项中，关于提供不动产经营租赁服务的增值税政策表述正确的有(　　)。

A. 纳税人以经营租赁方式将土地出租给他人使用，按照销售无形资产缴纳增值税

B. 其他个人出租不动产均按5%征收率计算应纳税额

C. 个体商户出租住房，应按5%征收率减按1.5%计算应纳税额

D. 其他个人出租不动产，向不动产所在地主管税务机关申请代开增值税专票

E. 出租不动产，租赁合同中约定免租期的，不属于视同销售服务

30. 关于增值税纳税义务和扣缴义务发生时间，下列说法正确的有(　　)。

A. 从事金融商品转让的，为收到销售额的当天

B. 赠送不动产的，为不动产权属变更的当天

C. 以预收款方式提供租赁服务的，为服务完成的当天

D. 以预收款方式销售货物(除特殊情况外)的，为货物发出的当天

E. 扣缴义务发生时间为纳税人增值税纳税义务发生的当天

31. 在下列收入中，征收增值税的有(　　)。

A. 被保险人获得的保险赔付

B. 纳税人取得的财政补贴收入

C. 贷款利息收入

D. 销售代销货物取得的收入

32. 在下列货物中，适用6%增值税税率的有(　　)。

A. 金融服务

B. 现代服务(租赁服务除外)

C. 生活服务

D. 增值电信服务

33. 在下列出口货物中，可享受增值税免税政策的有(　　)。

A. 加工企业来料加工复出口的货物

B. 用于境外承包项目的货物

C. 属于小规模纳税人的生产性企业自营出口的自产货物

D. 已使用过的设备

E. 农业生产者自产农产品

34. 持续经营以来从未发生骗取出口退税等违法行为的生产企业同时符合特定条件出口外购货物，可视同自产货物适用增值税退(免)税政策，该特定条件有(　　)。

A. 已取得增值税一般纳税人资格

B. 已持续经营2年及2年以上

C. 纳税信用等级为B级及以上

D. 上一年度销售额3亿元以上

E. 外购出口的货物与本企业自产货物同类型或具有相关性

35. 关于进口货物(非应税消费品)增值税计税依据的规定，下列说法不正确的有(　　)。

A. 以到岸价格为计税依据

B. 以关税完税价格与关税额之和为计税依据

C. 以海关审定的成交价格与关税额之和为计税依据

D. 以海关审定的成交价格为计税依据

36. 在一般纳税人发生的下列应税行为中，可以选择简易计税方法计税的有(　　)。

A. 人力资源外包服务

B. 收派服务

C. 公交客运服务

D. 以清包工方式提供建筑服务

37. 关于小规模纳税人增值税政策，下列说法正确的有(　　)。

A. 小规模纳税人月销售额不超10万元(季度不超30万元)，都能免征增值税

B. 2023年起，小规模纳税人月销售额15万元以上才征增值税

C. 适用差额征税的小规模纳税人，按差额后销售额判断能否免税

D. 预缴地月销售额未超10万元的小规模纳税人，当期无需预缴税款

38. 一般纳税人的下列购进项目中，其进项税额不得从销项税额中抵扣的有(　　)。

A. 因洪涝灾害毁损的外购商品

B. 因管理不善被盗窃的产成品所耗用的外购原材料

C. 公司招待客户购买的餐饮服务

D. 生产免税产品接受的加工劳务

39. 在下列服务中，属于适用增值税进项税额加计抵减政策的有(　　)。

A. 餐饮服务　　B. 湿租业务

C. 贷款服务　　D. 旅游服务

40. 个人取得下列收入，可以免征增值税的有(　　)。

A. 个人转让著作权

B. 个人转让金融商品

C. 个人出租住房

D. 个人出售使用10年的轿车

三、判断题(正确的打“√”，错误的打“×”)

1. 出租车公司向使用本公司自有出租车的出租车司机收取的管理费用，按照“交通运输服务”缴纳增值税。(　　)

2. 卫星电视信号落地转接服务，属于增值电信服务。(　　)

3. 以货币资金投资收取的固定利润或者保底利润，应按照“租赁服务”税目计缴增值税。(　　)

4. 除个体工商户以外的其他个人不属于增值税一般纳税人。(　　)

5. 中华人民共和国境外单位或者个人在境内销售劳务，在境内未设有经营机构的，以其境内代理人为扣缴义务人；在境内没有代理人的，以购买方为增值税扣缴义务人。

(　　)

6. 增值税一般纳税人将购进的汽车作为投资提供给联营单位，该汽车的进项税额不得从销项税额中抵扣。(　　)

7. 纳税人采取以旧换新方式销售金项链，应按照其实际收取的不含增值税的全部价

款征收增值税。 (　　)

8. 直销企业先将货物销售给直销员，直销员再将货物销售给消费者的，直销企业的销售额为其向消费者收取的全部价款和价外费用。 (　　)

9. 甲企业专营二手物品购销业务，是增值税一般纳税人，2022 年 10 月，甲企业将其收购的一批二手车转让给乙企业，含税转让价格为 402000 元。已知，从事二手车经销的纳税人销售其收购的二手车，减按 0.5%征收增值税。甲企业上述业务应缴纳的增值税为 $402000 \div (1+0.5\%) \times 0.5\% = 2000$(元)。 (　　)

10. 个人转让著作权免征增值税。 (　　)

11. 医疗器械公司直接进口供残疾人专用的轮椅，免征增值税。 (　　)

12. 中华人民共和国境内的单位和个人销售国际运输服务的，免征增值税。 (　　)

13. 一般纳税人提供管道运输服务取得的收入，免征增值税。 (　　)

14. 纳税人兼免税、减税项目的，应当分别核算免税、减税项目的销售额，未分别核算销售额的，不得免税、减税。 (　　)

15. 增值税纳税人以 1 个月或者 1 个季度为 1 个纳税期的，自期满之日起 30 日内申报纳税。 (　　)

16. 增值税专用发票的发票联是销售方核算销售收入和增值税销项税额的记账凭证。 (　　)

17. 航空运输服务，代收的机场建设费不计入计税销售额。 (　　)

18. 客运场站服务，以其取得的全部价款和价外费用为计税销售额。 (　　)

19. 未在商场购物，让商场开具增值税专用发票，属于虚开增值税专用发票。 (　　)

20. 增值税扣缴义务发生时间为纳税人增值税纳税义务发生的当天。 (　　)

21. 小规模纳税人其他个人一次性收取两月租金 15 万元，不能享受免征增值税的政策。 (　　)

22. 其他个人为本单位提供商铺租赁服务，取得税务机关代开增值税专用发票，不属于虚开增值税专用发票。 (　　)

23. 某企业为增值税一般纳税人，对外出租房屋，适用简易计税方法，由于承租方(增值税一般纳税人)提前解除租赁合同，收取承租方的违约金。关于收取的违约金按照 5%征收率缴纳增值税。 (　　)

24. 采取预收款方式销售自行开发的房地产项目，应在收到预收款时按照 3%的预征率预缴增值税。 (　　)

25. 小规模纳税人中的单位和个体工商户出租不动产，不能自行开具增值税发票的，可向不动产所在地税务机关申请代开增值税发票。 (　　)

26. 固定业户纳税地点一般为机构所在地；总、分机构不在同一县(市)的，应当分别向各自所在地主管税务机关申报纳税；经批准可由总机构汇总纳税的，向总机构所在地主管税务机关申报纳税。（　　）

27. 提供物业管理服务的纳税人可以选择简易计税方法计税。（　　）

28. 纳税人购进国内旅客运输服务，其进项税额允许从销项税额中抵扣。（　　）

29. 某食品加工企业为增值税一般纳税人，支付某广告公司广告设计费，取得该广告公司开具的增值税专用发票，发票上注明金额为 5 万元。进项税额为 0.3 万元，进项税额可以抵扣。（　　）

30. 销售额为纳税人发生应税销售行为收取的全部价款和价外费用，但是不包括收取的销项税额。（　　）

四、计算题

1. 某食品加工企业为增值税一般纳税人，2020 年 6 月支付某广告公司广告设计费，取得该广告公司开具的增值税专用发票，发票上注明金额为 5 万元。要求：计算进项税额。

2. 甲超市为一般纳税人，2020 年 6 月购进某果园自产西瓜，销售发票注明价款为 60000 元；还从某果品公司(一般纳税人)购进水果，取得增值税专用发票上注明销售额 300000 元、增值税 27000 元。要求：计算进项税额。

3. 甲公司为增值税的一般纳税人，2020 年 5 月，销售货物取得含税收入 300 万元、提供物流运输取得含税收入 40 万元、提供仓储仓库取得含税收入 15 万元。要求：计算销项税额。

4. 甲企业 2020 年 6 月销售给乙公司货物 15000 件，每件不含税售价为 200 元，交给 A 运输公司运输，代垫运输费用 6800 元，运费发票已转交给乙公司。要求：计算销项税额。

5. 某企业为增值税一般纳税人，5 月买入 A 上市公司股票，买入价为 280 万元，支付手续费 0.084 万元。当月卖出其中的 50%，发生买卖负差 10 万元。同年 6 月，卖出剩余的 50%，卖出价为 200 万元，支付手续费 0.06 万元，印花税为 0.2 万元。(以上价格均为含税价格)要求：计算该企业 6 月应缴纳增值税。

6. 某一般纳税人企业受托代销某品牌服装，取得代销收入 10.13 万元(零售价)，与委托方进行结算，取得增值税专用发票上注明税额 1.04 万元。计算商贸企业此业务应缴纳的增值税。

7. 某生产企业为增值税小规模纳税人，选择按月纳税。2019 年 3 月销售货物取得不含税销售额 6 万元，提供服务取得不含税销售额 3 万元，销售长期闲置的仓库取得不含税销售额 120 万元。计算该企业 3 月份应纳增值税。

8. 某商业零售企业为增值税一般纳税人，2020 年 6 月通过以旧换新方式销售玉石首饰，旧玉石首饰作价 78 万元，实际收取新旧首饰差价款共计 90 万元；采取以旧换新方式销售原价为 0.35 万元的金项链 200 件，每件收取差价款 0.15 万元。计算销项税额。

9. 某油田企业（增值税一般纳税人）2020 年 6 月将本月自采原油 3 万吨无偿赠送给关联企业，将上月自采原油 30 万吨用于对外投资（原油不含税销售单价为 3000 元/吨）。计算上述业务增值税销项税额。

10. 某生产企业为增值税一般纳税人，生产的产品均适用 13%的增值税税率。2020 年 5 月销售产品取得不含税销售额 200 万元，本月从农业生产者购进农产品作为生产用原材料，收购发票上注明买价为 56 万元，购进其他原材料，取得增值税专用发票注明的金额 100 万元，税额 13 万元。计算 5 月该企业应纳增值税。

11. 某企业（一般纳税人）2018 年 4 月至 2019 年 3 月的现代服务销售额为 2000 万元，销售货物的销售额为 400 万元。2019 年 6 月份现代服务销售额为 200 万元，销售货物销售额为 30 万元，进项税额为 10 万元。计算 2019 年 6 月份应纳增值税。

答案及解析

一、单项选择题

1. A

解析：个体工商户年应税销售额超过小规模纳税人标准的，可以申请登记为一般纳税人。

2. A

解析：被保险人获得的保险赔付不征收增值税。

3. B

解析：选项 ACD 适用 13%税率。

4. A

解析：增值税一般纳税人销售其自行开发生产的软件产品，按 13%税率征收增值税后，对其增值税实际税负超过 3%的部分实行即征即退政策。

5. B

解析：2020 年 3 月 1 日起，月销售额 10 万元以上(含本数)的增值税小规模纳税人，湖北免税；湖北以外按 1%征收。

6. D

解析：选项 A，超过小规模纳税人标准的其他个人按小规模纳税人纳税；选项 B、C 可选择小规模纳税人纳税。

7. B

解析：单位或个体工商户向其他单位或个人无偿提供服务视同销售，但用于公益事业或以社会公众为对象的除外。

8. D

解析：选项 A，自产货物用于职工福利，视同销售，要征增值税。选项 B，出租办公用房属增值税应税的租赁服务，需征税。选项 C，个体工商户销售未抵扣进项税额的自用汽车，按规定征增值税。选项 D，符合条件的政府性基金，不征增值税。

9. A

解析：根据规定，免征蔬菜流通环节增值税。

销项税额 $= 13200 \div (1+9\%) \times 9\% + 98000 \div (1+13\%) \times 13\% = 1089.91 + 11274.34 = 12364.25$(元)。

10. C

解析：当期软件产品增值税应纳税额 = 68000 × 13% + 200000 × 13% − 100000 × 13% = 21840(元)，税负 = 21840 ÷ (68000 + 200000) × 100% = 8.15%，即征即退税额 = 21840 − (68000+200000) ×3% = 13800(元)

11. D

解析：选项 A，单位或者个体工商户聘用的员工为本单位或者雇主提供取得工资的服务，不征收增值税。选项 B，存款利息不征收增值税。选项 C，个人销售自建自用住房，免征增值税。选项 D，企业销售自产货物属于增值税应税行为，应缴纳增值税。

12. B

解析：该企业当月增值税销项税额 = [120+2÷(1+13%)]×13% = 15.83(万元)。

13. A

解析：该厂增值税销项税额 = 800×13%+56.5÷(1+13%)×13% = 110.5(万元)。

14. A

解析：为灾区无偿提供运输服务，不属于视同销售，不计算销项税额。该运输公司当月的销项税额 = 5.5÷(1+9%)×9% = 0.45(万元)。

15. D

解析：该企业 6 月应缴纳增值税 = (200−280×50%−10)÷(1+6%)×6% = 2.83(万元)。

16. A

解析：张某销售住房应缴纳增值税 = 460÷(1+5%)×5% = 21.90(万元)。

17. B

解析：转让金融商品出现的负差，可结转下一纳税期与下期转让金融商品销售额相抵，但年末时仍出现负差的，不得结转。

18. C

解析：租入不动产同时用于集体福利和应税项目(兼用)，进项税可以全额抵扣。

19. D

解析：可计提的加计抵减额 = 150×10% = 15(万元)。

20. C

解析：外购货物用于免税项目、简易计税项目、集体福利，增值税进项税额不得抵扣。

21. C

解析：我国现行税法不采用的是“全额”累进税率。

22. B

解析：选项 ACD 按照销售不动产缴纳增值税。

23. A

解析：(1)选项BC，属于“金融服务”；(2)选项D，属于“生活服务”。

24. B

解析：销售货物，其增值税纳税义务发生时间为收讫销售款或者取得索取销售款凭据的当天；先开具发票的，为开具发票的当天。

25. B

解析：(1)本月发生纳税义务的是合同约定本月应收款项56500元，排除选项CD；(2)题目明确交代“56500元”为含税价款，应当作价税分离处理，选项B正确，选项A错误。

26. A

解析：选项A，销售货物时收取的包装物租金属于价外费用，应计入销售额计算增值税。选项B，受托加工收取的加工费本身要计算增值税，但代收代缴的消费税不计入销售额。选项C，代购买方缴纳的车辆购置税不属于销售货物的收入部分，不应计入销售额。选项D，符合条件的政府性基金不属于销售额的组成部分，不缴纳增值税。

27. B

解析：选项B，属于价外费用，价税分离后并入销售额。

28. B

解析：题目明确交代“904000元”是含增值税价款，应当价税分离。

29. D

解析：选项AB未作视同销售处理，选项CD，直接售出的100套A产品，以“10735元”价税分离后计税。

30. C

解析：甲企业相关业务的计税销售额$=3164\times1000\div(1+13\%)=2800000$(元)。

二、多项选择题

1. AC

解析：关税、船舶吨税由海关负责征收和管理，进口货物的增值税、消费税由海关代征，其他税种由税务机关负责征收管理。

2. ABCD

解析：(1)选项A，属于“金融服务——金融商品转让”；(2)选项B，属于“金融服务——贷款服务”；(3)选项C，属于“金融服务——直接收费金融服务”；(4)选项D，属于“金融服务——保险服务”。

3. BCD

解析：水路运输的程租、期租业务，航空运输的湿租业务，均按照“交通运输服务”缴纳增值税。

4. ACD

解析：选项 B，由于无偿提供服务的对象为社会公众，不视同销售服务，不缴纳增值税。

5. ACD

解析：选项 B，按照“金融服务——直接收费金融服务”缴纳增值税。

6. ACD

解析：选项 B，属于境外单位向境内个人销售完全在境外发生的服务，不属于在境内销售服务。

7. BCD

解析：BCD 属于“一项销售行为”既涉及货物又涉及服务，属于混合销售。

8. ABC

解析：选项 D，适用 13%的增值税税率，但享受免征增值税优惠。

9. AB

解析：(1)选项 AC，个体工商户以外的其他个人，只能成为小规模纳税人，个体工商户符合一般纳税人条件的，可以登记为一般纳税人。(2)选项 B，年应征增值税销售额 500 万元及以下，但会计核算健全，能够提供准确税务资料的，可以登记成为一般纳税人。(3)选项 D，单位或个人发生增值税应税行为的，为增值税纳税义务人，其中，单位是指企业、行政单位、事业单位、军事单位、社会团体及其他单位。

10. ABD

解析：选项 C，纳税人采取托收承付和委托银行收款方式销售货物，为“发出货物并办妥托收手续”的当天。

11. ACD

解析：(1)选项 A，购进货物用于简易计税方法计税项目、免征增值税项目、集体福利或者个人消费的，不得抵扣进项税额；(2)选项 CD，因“管理不善”造成的损失属于非正常损失，对应的进项税额不得抵扣。

12. ABD

解析：(1)选项 C，取得的是“普通发票”，其进项税额不得抵扣；(2)选项 D，从境外单位或个人购进劳务、服务、无形资产或者境内不动产，自税务机关或者扣缴义务人取得代扣代缴税款的完税凭证上注明的增值税税额准予抵扣。

13. ACD

解析：一般纳税人可以按照税法规定选择简易计税方法计税的应税行为包括但不限于：(1)公共交通运输服务(选项D)；(2)电影放映服务(选项A)、仓储服务、装卸搬运服务(选项C)、收派服务和文化体育服务。

14. AC

解析：选项BD，属于一般纳税人可以(而非应当)选择简易办法依照3%征收率计算缴纳增值税的情形。

15. AC

解析：农业生产者(农民、林场)销售自产农产品(胡萝卜、红杉原木)，免征增值税；选项BD的“超市”“农贸公司”不属于农业生产者，销售的也并非其自产的农产品，应征增值税，但适用9%税率。

16. ABCD

解析：选项A，体育彩票发行收入具有公益属性，主要用于体育事业，因此免征增值税。选项B，国家支持在校大学生勤工俭学，其服务收入免征增值税。选项C，养老服务关乎民生，免征增值税能减轻养老机构负担，推动养老事业发展。选项D，幼儿园保育服务是学前基础教育，免征增值税利于降低运营成本，促进学前教育发展。

17. ABC

解析：固定业户应当向其“机构所在地”税务机关申报纳税。

18. ABD

解析：商业企业一般纳税人零售的劳保用品可以开具增值税专用发票。

19. BE

解析：选项A、C、D属于增值税的销售服务。

20. ABE

解析：水路运输的期租业务和水路运输的程租业务，按照交通运输服务缴纳增值税。

21. ABE

解析：选项A，汽车经营性租赁是典型的有形动产经营性租赁，属于应税范围。选项B，机器设备融资租赁属于有形动产融资租赁，按规定缴纳增值税。选项C，湿租业务属于交通运输服务，因为不仅提供了飞机等设备，还提供机组人员等服务，不是单纯的有形动产租赁。选项D，厂房属于不动产，不属于有形动产租赁范畴。选项E，光租业务主要是对交通工具等有形动产的租赁，应缴纳增值税。

22. AC

解析：选项B，属于建筑服务；选项D，属于增值电信业务；选项E，属于生活服务。

23. ADE

解析：从事邮政服务、电信服务、现代服务、生活服务四项服务的纳税人加计抵减。选项B，湿租业务，属于航空运输服务，选项C，属于金融服务，这两项不适用进项税额加计抵减的政策。

24. BCE

解析：选项A，个体工商户年应税销售额超过小规模纳税人标准的，可以申请登记为一般纳税人；选项D，年应税销售额包括纳税申报销售额、稽查查补销售额、纳税评估调整销售额，其中，纳税申报销售额中包括免税销售额和税务机关代开发票销售额。

25. ABCD

解析：选项A，手表维修属于对物品（手表）的修理劳务，符合加工修理修配劳务的定义，应缴纳增值税。选项B，设备修理是对设备这种有形动产进行修理，使其恢复功能，属于应税的加工修理修配劳务。选项C，服装加工是通过裁剪、缝制等方式将原材料制作成服装的过程，属于加工劳务，应缴纳增值税。选项D，电脑硬件维护（不含软件维护）是对电脑这一有形动产进行维护，使其能够正常运行，属于加工修理修配劳务的范畴，要缴纳增值税。

26. ABD

解析：选项A，航空运输的湿租业务，属于航空运输服务，并非有形动产租赁服务。湿租业务中，出租方不仅提供飞机等有形动产，还配备机组人员等，主要体现运输服务特性。选项B，车辆停放服务按照"不动产经营租赁服务"缴纳增值税，因为车辆停放的场地属于不动产范畴。选项C，远洋运输的光租业务，出租方只提供船舶这一有形动产，不配备操作人员，按照"有形动产租赁服务"缴纳增值税。选项D，融资性售后回租业务属于"金融服务——贷款服务"，并非有形动产租赁服务。融资性售后回租实质是一种融资行为，承租方出售资产再租回，通过这种方式获得资金融通。

27. ABCDE

解析：选项A，企业管理服务属于现代服务中的商务辅助服务。例如，企业为其他公司提供专业的财务管理咨询、人力资源管理咨询等服务，按规定需要缴纳增值税。选项B，物流辅助服务是现代服务的一个类别，它有助于提高物流运作效率。像港口为船舶提供的停靠、货物装卸等服务，以及货运客运场站为车辆、旅客提供的服务等都在此列，要缴纳增值税。选项C，信息技术服务在现代经济活动中广泛存在。比如软件公司为客户开发软件、提供软件维护服务，或者为电子产品进行电路设计和测试等服务，都需要缴纳增值税。选项D，文化创意服务能促进文化和创意产业的发展。广告公司为客户制作广告、发布广告，会议展览公司举办各类商业展会等服务，均属于现代服务中的文化创意服务，需要缴纳增值税。选项E，租赁服务(不包括融资性售后回租)也是现代服务的一部分。无论是企业出租不动产，如写字楼、厂房，还是出租动产，如机器设备等，都应当缴纳增值税。

28. BCD

解析：选项A，其他个人(自然人)只能是小规模纳税人，不需要办理小规模纳税人登记。选项B，非企业性单位可以选择办理小规模纳税人登记，当它们年应税销售额未超过500万元且愿意以小规模纳税人身份纳税时，就可以办理相关登记。选项C，不经常发生应税行为的单位，如果年应税销售额未超过500万元，也可以办理小规模纳税人登记来纳税。选项D，年应税销售额未超过500万元且经常发生应税行为的工业企业，符合小规模纳税人的标准，可以办理小规模纳税人登记。

29. DE

解析：选项A，纳税人以经营租赁方式将土地出租给他人使用，按照不动产经营租赁服务缴纳增值税；选项BC，其他个人出租住房，按照5%的征收率减按1.5%计算应纳税额，但月租金10万元以下免税。

30. BDE

解析：选项A，纳税人从事金融商品转让的，为金融商品所有权转移的当天；选项C，纳税人提供租赁服务采取预收款方式的，其纳税义务发生时间为收到预收款的当天。

31. CD

解析：选项A，保险赔付属于风险补偿性质的收入，不属于增值税应税行为(不属于“销售货物、服务、无形资产、不动产”)，不征收增值税。选项B，按“与销售无关的财政补贴”处理，通常不征收增值税。选项C，贷款服务属于“金融服务”范畴，其利息收入属于增值税应税行为，需按6%税率缴纳增值税。选项D，代销货物属于“视同销售货物”行为(视同纳税人销售货物)，需按正常销售缴纳增值税。

32. ABCD

解析：选项A，金融服务包括贷款服务、直接收费金融服务、保险服务和金融商品转让等，适用6%的增值税税率。例如银行提供的贷款业务收取的利息收入，按6%计算增值税。选项B，现代服务(租赁服务除外)范围较广，像物流辅助服务、文化创意服务、鉴证咨询服务等。例如广告公司为客户制作广告的服务收入，适用6%税率。选项C，生活服务包含文化体育服务、教育医疗服务、旅游娱乐服务、餐饮住宿服务等多种服务。比如酒店提供住宿服务取得的收入，按6%缴纳增值税。选项D，增值电信服务区别于基础电信服务，像互联网接入服务、短信彩信服务等增值电信业务，适用6%的税率。

33. ACDE

解析：B选项适用退(免)税政策。

34. ABE

解析：同时符合下列条件的生产企业出口的外购货物，可视同自产货物适用增值税退(免)税政策：已取得增值税一般纳税人资格；已持续经营2年及2年以上；纳税信用等级为A级；上一年度销售额为5亿元以上；外购出口的货物与本企业自产货物同类型或具有相关性。

35. ACD

解析：增值税计税依据是关税完税价格与关税额之和。

36. ABCD

解析：选项A，一般纳税人提供人力资源外包服务，可以选择适用简易计税方法，按照5%的征收率计算缴纳增值税。这是因为人力资源外包服务的成本构成中，有很多部分难以取得足够的进项税额用于抵扣，允许简易计税可以在一定程度上平衡税负，减轻企业的税收负担。选项B，一般纳税人提供的收派服务，可以选择简易计税方法计税。收派服务主要是在同城范围内进行包裹的收件、分拣和派送等业务，其业务特点使得企业可能在进项税额获取方面受到一定限制，采用简易计税方法按照3%的征收率计算增值税，有助于企业更好地进行税务核算。选项C，一般纳税人提供公交客运服务可以选择简易计税方法。公交客运服务具有一定的社会公益性质，其运营成本结构较为特殊，如车辆购置、运营线路等成本可能难以取得足够的进项税额，选择简易计税方法(一般按照3%的征收率)可以降低企业的税务处理难度和税负，同时也有利于保障公共交通服务的稳定供给。选项D，一般纳税人以清包工方式提供建筑服务，可以选择简易计税方法。清包工方式是指施工方只提供劳务，不采购建筑工程所需的材料或只采购辅助材料。在这种情况下，建筑企业可抵扣的进项税额相对较少，允许其选择简易计税方法(征收率为3%)能够更合理地确定税负，符合建筑行业实际业务情况。

37. CD

解析：选项A，若包含销售不动产且总销售额超标准，不能免税，A错误。选项B，2023年起，小规模纳税人月销售额超10万元(季度超30万元)才征增值税，B错误。选项C，适用差额征税的小规模纳税人，按差额后销售额判断能否免税，C正确。选项D，预缴地月销售额未超10万元的小规模纳税人，当期无需预缴税款，D正确。

38. BCD

解析：选项，A不属于非正常损失。

39. AD

解析：从事邮政服务、电信服务、现代服务、生活服务四项服务的纳税人适用加计抵减政策。

40. ABD

解析：选项 C，有税额减征但不是免税。

三、判断题

1. √

2. √

3. ×

解析：按照“金融服务——贷款服务”计缴增值税。

4. √

解析：年应税销售额超过规定标准的其他个人不办理一般纳税人登记。

5. √

6. ×

解析：单位或者个体工商户将购进的货物作为投资，提供给其他单位或者个体工商户，增值税视同销售货物，应确认销项税额，对应的进项税额可以抵扣。

7. √

8. ×

解析：直销企业先将货物销售给直销员，直销员再将货物销售给消费者的，直销企业的销售额为其向“直销员”(而非消费者)收取的全部价款和价外费用。

9. √

10. √

11. ×

解析：由“残疾人的组织”(医疗器械公司不属于残疾人组织)直接进口供残疾人专用的物品，免征增值税。

12. ×

解析：中华人民共和国境内的单位和个人销售国际运输服务的，适用增值税零税率。

13. ×

解析：一般纳税人提供管道运输服务，对其增值税实际税负超过 3%的部分实行增值税即征即退政策。

14. √

15. ×

解析：增值税纳税人以 1 个月或者 1 个季度为 1 个纳税期的，自期满之日起“15 日内”申报纳税。

16. ×

解析：增值税专用发票中，记账联才是销售方核算销售收入和增值税销项税额的记账凭证。发票联是购买方核算采购成本和增值税进项税额的记账凭证。抵扣联由购买方用于认证及留存备查，以抵扣进项税额。

17. √

18. ×

解析：客运场站服务，以其取得的全部价款和价外费用为差额计税项目。

19. √

20. √

21. ×

解析：其他个人，采取一次性收取租金形式出租不动产取得的租金收入，可在对应的租赁期内平均分摊，分摊后的月租金收入未超过10万元的，免征增值税。

22. √

23. √

24. √

25. √

26. √

27. ×

解析：提供物业管理服务的纳税人，向服务接受方收取的自来水水费，以扣除其对外支付的自来水水费后的余额为销售额，按照简易计税方法依3%的征收率计算缴纳增值税。

28. √

解析：根据增值税相关规定，纳税人购进国内旅客运输服务，其进项税额允许从销项税额中抵扣。这一政策的实施是为了减轻纳税人的税负，促进相关行业的发展。

29. √

解析：一般纳税人购进广告服务，取得增值税专用发票，进项税额可以抵扣。

30. √

解析：销售额是指纳税人发生应税销售行为收取的全部价款和价外费用。价外费用，包括价外向购买方收取的手续费、补贴、基金、集资费、返还利润、奖励费、违约金、滞纳金、延期付款利息、赔偿金、代收款项、代垫款项、包装费、包装物租金、储备费、优质费、运输装卸费以及其他各种性质的价外收费。

四、计算题

1. 进项税额 = 5×6% = 0.3(万元)

2. 进项税额 = 60000×9%+300000×9% = 32400(元)

3. 销项税额 = 300÷(1+13%)×13%+40÷(1+9%)×9%+15÷(1+6%)×6% = 38.67(万元)

4. 符合条件的代垫运输费用不计入销售额，销项税 = 15000×200×13% = 390000(元)

5. 该企业 6 月应缴纳增值税 = (200−280×50%−10)÷(1+6%)×6% = 2.83(万元)

6. (1)销项税额 = 10.13÷(1+13%)×13% = 1.17(万元)

(2) 进项税额 = 1.04(万元)

(3) 应缴纳增值税 = 1.17−1.04 = 0.13(万元)

7. (1)销售额 = 6+3+120 = 129(万元)

(2) 剔除销售不动产后的销售额 = 9(万元)，可享受免税政策

(3) 销售不动产应纳增值税 = 120×5% = 6(万元)

8. 销项税额 = (78+90+200×0.15)÷(1+13%)×13% = 22.78(万元)

9. 销项税额 = 3000×(3+30)×13% = 12870(万元)

10. (1)销项税额 = 200×13% = 26(万元)

(2) 进项税额 = 56×10%+13 = 18.60(万元)

5 月该企业应纳增值税 = 26−18.60 = 7.40(万元)

11. (1)该纳税人 2018 年 4 月至 2019 年 3 月现代服务销售额占全部销售额的比重 = 2000÷(2000+400)×100% = 83.33%，超过 50%，适用进项税额的加计扣减政策

(2)抵减前的应纳增值税 = 200×6%+30×13%−10 = 5.9(万元)

(3)当期可抵减加计抵减额 = 10×10% = 1(万元)

(4)6 月份抵减后的应纳增值税 = 5.9−1 = 4.9(万元)

第三章 消 费 税

内容回顾

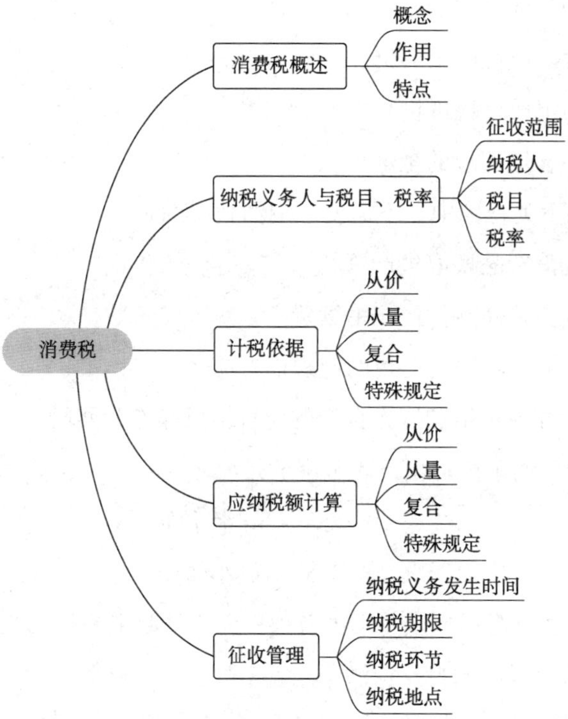

一、单项选择题

1. 企业生产的下列消费品，无须缴纳消费税的是(　　)。

A. 地板企业生产用于装修本企业办公室的实木地板

B. 汽车企业生产用于本企业管理部门的轿车

C. 化妆品企业生产用于交易会样品的化妆品

D. 卷烟企业生产用于连续生产卷烟的烟丝

2. 应税消费品价格明显偏低又无正当理由的，税务机关有权核定其计税价格。下列应税消费品应由国家税务总局核定计税价格的是(　　)。

A. 鞭炮　　B. 实木地板

C. 高档手表　　D. 粮食白酒

3. 关于消费税纳税地点的说法，符合现行政策规定的是(　　)。

A. 纳税人销售应税消费品向机构所在地或居住地的主管税务机关纳税

B. 纳税人销售应税消费品向核算地的主管税务机关纳税

C. 纳税人销售应税消费品向销售地的主管税务机关纳税

D. 纳税人销售应税消费品向生产地的主管税务机关纳税

4. 某金店采取以旧换新方式销售金银饰品，消费税的计税依据是(　　)。

A. 同类新金银饰品的销售价格

B. 实际收取的含增值税的全部价款

C. 新金银饰品的组成计税价格

D. 实际收取的不含增值税的全部价款

5. 在企业发生的下列行为中，不需要缴纳消费税的是(　　)。

A. 用自产的应税消费品换取生产资料

B. 用自产的应税消费品支付代扣手续费

C. 直接销售委托加工收回的已税的应税消费品

D. 在销售数量之外另付给购货方自产的应税消费品作为奖励

6. 在下列各项中，属于消费税征收范围的是(　　)。

A. 电动汽车　　B. 卡丁车

C. 高尔夫车　　D. 小轿车

7. 根据消费税法律制度的规定，下列各项中，不征收消费税的是(　　)。

A. 酒厂用于交易会样品的自产白酒

B. 卷烟厂用于连续生产卷烟的自产烟丝

C. 日化厂用于职工奖励的自产高档化妆品

D. 地板厂用于本厂办公室装修的自产实木地板

8. 甲汽车厂将 1 辆生产成本为 5 万元的自产小汽车用于抵偿债务，同型号小汽车不含增值税的平均售价为 10 万元/辆，不含增值税最高售价为 12 万元/辆。已知小汽车消费税税率为 5%。甲汽车厂该笔业务应缴纳消费税税额的下列计算列式中，正确的是(　　)。

A. $1\times5\times5\% = 0.25$(万元)

B. $1\times10\times5\% = 0.5$(万元)

C. $1\times12\times5\% = 0.6$(万元)

D. $1\times5\times(1+5\%)\times5\% = 0.2625$(万元)

9. 某白酒生产企业为增值税一般纳税人，2024 年 10 月份销售白酒取得不含税销售收入 80 万元，收取包装物押金 2.26 万元。当月没收 3 个月前收取的逾期未退还的包装物押金 5.65 万元。已知白酒消费税税率为 20%加 0.5 元/500 克(或者 500 毫升)。该白酒生产企业 2024 年 10 月份应缴纳消费税(　　)万元。

A. 16.8　　B. 16.6

C. 16.5　　D. 16.4

10. 根据消费税法律制度的规定，下列关于消费税纳税义务发生时间的表述中，不正确的是(　　)。

A. 纳税人自产自用应税消费品的，为移送使用的当天

B. 纳税人进口应税消费品的，为报关进口的当天

C. 纳税人委托加工应税消费品的，为支付加工费的当天

D. 纳税人采取预收货款结算方式销售应税消费品的，为发出应税消费品的当天

11. 某化妆品厂销售高档化妆品取得含税收入 45.2 万元，收取手续费 1.5 万元，另收取包装物押金 1 万元。已知，增值税税率为 13%，消费税税率为 15%。以下关于该化妆品厂本月应缴纳消费税的计算正确的是(　　)。

A. $(45.2+1.5)\div(1+13\%)\times15\%$

B. $(45.2+1.5+1)\div(1+13\%)\times15\%$

C. $(45.2+1)\div(1+13\%)\times15\%$

D. $45.2\div(1+13\%)\times15\%$

12. 在下列各项中，符合消费税纳税义务发生时间规定的是(　　)。

A. 进口的应税消费品，为取得进口货物的当天

B. 自产自用的应税消费品，为移送使用的当天

C. 委托加工的应税消费品，为支付加工费的当天

D. 采取预收货款结算方式的，为收到预收款的当天

13. 某金店是增值税一般纳税人，2024 年 3 月采取以旧换新方式销售纯金项链 10 条，每条新项链的不含税销售额为 4000 元，收购旧项链的不含税金额为每条 2000 元。已知增值税税率为 13%，消费税税率为 5%，该笔业务应缴纳消费税(　　)元。

A. 1000　　B. 1132.08

C. 1040　　D. 862. 07

14. 某化妆品厂(增值税一般纳税人)2024 年 7 月将自产的一批高档化妆品用于职工福利，该批高档化妆品的成本为 80000 元，无同类产品市场销售价格。已知消费税税率为 15%，成本利润率为 5%，该化妆品厂应缴纳消费税(　　)元。

A. 14823. 53　　B. 13800

C. 12000　　D. 15000

15. 某外贸公司进口一批高档化妆品，关税完税价格为 100 万元，关税税率为 20%，消费税税率为 15%，则该公司应纳消费税(　　)万元。

A. 18. 53　　B. 17. 65

C. 21. 18　　D. 20. 59

二、多项选择题

1. 根据现行消费税政策，下列业务应缴纳消费税的有(　　)。

A. 汽车厂赞助比赛用雪地车

B. 酒厂以福利形式发放给职工白酒

C. 化妆品厂无偿发放香水试用

D. 金银饰品商店销售白金饰品

2. 根据现行税法，下列消费品的生产经营环节，既征收增值税又征收消费税的有(　　)。

A. 卷烟的批发环节

B. 金银饰品的生产环节

C. 珍珠饰品的零售环节

D. 高档手表的生产环节

3. 关于消费税纳税义务发生时间的说法，正确的有(　　)。

A. 某酒厂销售葡萄酒 20 箱并收取价款 4800 元，其纳税义务发生时间为收款的当天

B. 某汽车厂自产自用 3 台小汽车，其纳税义务发生时间为移送使用的当天

C. 某烟花企业采用托收承付结算方式销售烟火，其纳税义务发生时间为发出烟火并办妥托收手续的当天

D. 某化妆品厂采用赊销方式销售化妆品，合同约定收款日期为 6 月 30 日，实际收到货款为 7 月 30 日，纳税义务发生时间为 6 月 30 日

E. 某手表厂采取预收货款方式销售高档手表，其纳税义务发生时间为销售合同约定的收款日期的当天

4. 根据消费税现行规定，下列表述正确的有(　　)。

A. 消费税税收负担具有转嫁性

B. 消费税的税率呈现单一税率形式

C. 消费品生产企业没有对外销售的应税消费品均不征消费税

D. 消费税税目列举的消费品都属消费税的征税范围

5. 根据消费税纳税义务发生时间的规定，以发出应税消费品当天为纳税义务发生时间的有(　　)。

A. 自产自用应税消费品

B. 分期收款方式销售应税消费品

C. 采取赊销结算方式销售应税消费品

D. 采取预收货款方式销售应税消费品

6. 在下列各项中，应同时征收增值税和消费税的有(　　)。

A. 批发环节销售的卷烟

B. 零售环节销售的金基合金首饰

C. 生产环节销售的普通护肤护发品

D. 进口环节取得外国政府捐赠的小汽车

7. 根据消费税法律制度的规定，下列消费品中，属于消费税征税范围的有(　　)。

A. 柴油　　B. 摩托车

C. 珠宝玉石　　D. 工业酒精

8. 在下列关于消费税纳税义务发生时间的说法中，正确的有(　　)。

A. 采取预收货款结算方式的，为发出应税消费品的当天

B. 采取托收承付方式的，为发出应税消费品并办妥托收手续的当天

C. 采取赊销方式的，为书面合同约定的收款日期的当天，书面合同没有约定收款日期或者无书面合同的，为发出应税消费品的当天

D. 纳税人委托加工应税消费品的，为受托人加工完毕的当天

9. 在下列各项中，符合消费税有关规定的有(　　)。

A. 纳税人采用以旧换新方式销售金银首饰，应按实际收取的不含增值税的全部价款确定计税依据

B. 纳税人将不同税率的应税消费品组成成套消费品销售的，从高适用税率

C. 对于包装物押金，除啤酒、黄酒外的其他酒类产品收取的包装物押金，无论是否返还以及会计上如何核算，均应并入当期销售额征收消费税

D. 对既销售金银首饰，又销售非金银首饰的生产、经营单位，应将两类商品划分清

楚，分别核算销售额。凡划分不清楚或不能分别核算的，在生产环节销售的，一律从高适用税率征收消费税

10. 下列关于消费税计税依据的说法，正确的有(　　)。

A. 啤酒生产企业生产销售啤酒时收取的包装物押金应并入销售额计税

B. 白酒生产企业向商业销售单位收取的“品牌使用费”应并入白酒的销售额中缴纳消费税

C. 纳税人自产自用的应税消费品，用于连续生产应税消费品的，不纳税；用于其他方面的，于移送使用时纳税

D. 纳税人将自产应税消费品用于换取生产资料，按同类应税消费品的最高销售价格计税

11. 以下关于消费税税率运用的说法中，正确的有(　　)。

A. 对既销售金银首饰又销售非金银首饰，销售额不能分别核算的，在生产环节一律按10%征收消费税

B. 其他配置酒不按“白酒”适用税率征税

C. 以外购不同品种白酒勾兑的白酒，一律按照粮食白酒的税率征税

D. 钻石及钻石饰品适用的消费税税率为5%

12. 下列各项中，属于消费税征收环节的有(　　)。

A. 生产环节　　B. 零售环节

C. 批发环节　　D. 进口环节

13. 关于委托加工应税消费品的消费税处理，下列说法正确的有(　　)。

A. 委托加工消费税纳税义务发生时间为纳税人提货的当天

B. 委托加工的加工费包括代垫辅助材料的实际成本

C. 受托方没有代收代缴消费税税款，委托方应补缴税款，受托方不再补税

D. 由受托方以委托方名义购进原材料生产的应税消费品，属于委托加工应税消费品

14. 下列关于消费税的表述中，正确的有(　　)。

A. 进口环节消费税除国务院另有规定，一律不得给予减免税

B. 委托加工的已税消费品已由受托方代收代缴的消费税，准予按规定从连续生产的应税消费品应纳消费税税额中抵扣

C. 对超豪华小汽车，在生产(进口)环节按现行税率征收消费税基础上，在零售环节加征消费税

D. 消费税一般实行从价定率、从量定额和复合计税三种计税方法

15. 根据消费税法律制度的规定，下列各项中，准予扣除已纳消费税的有(　　)。

A. 以委托加工收回的已税实木地板为原料生产的实木地板

B. 以委托加工收回的已税高尔夫球杆头为原料生产的高尔夫球杆

C. 以委托加工收回的已税石脑油为原料生产的应税消费品

D. 以委托加工收回的已税润滑油为原料生产的润滑油

三、判断题(正确的打“√”，错误的打“×”)

1. 从其他工商企业购进的已税消费品，用于继续生产应税消费品销售的，在计征消费税时，生产耗用的外购应税消费品的已纳消费税税款准予扣除。 (　　)

2. 消费税纳税人销售的应税消费品，如因质量等原因由购买者退回时，经所在地主管税务机关审核批准后，可以直接抵减其应纳消费税税额。 (　　)

3. 外贸企业只有受其他外贸企业委托，代理出口应税消费品才可办理消费税的退税。 (　　)

4. 从纳税环节上看，我国现行消费税属于一次课征制。 (　　)

5. 某酒厂生产白酒和药酒，将两类酒包装在一起按礼品套酒销售，尽管该厂对一并销售的两类酒分别核算了销售额，但对于这种礼品套酒仍应就其全部销售额按白酒的适用税率计征消费税。 (　　)

6. 消费税的征税范围与增值税的征税范围是完全相同的。 (　　)

7. 消费税属于价内税，而增值税属于价外税。 (　　)

8. 对于既销售金银首饰，又销售非金银首饰的生产经营单位，在生产环节销售的，一律按金银首饰征收消费税。 (　　)

9. 纳税人自产自用的应税消费品用于连续生产应税消费品的，应缴纳消费税。 (　　)

10. 委托加工应税消费品，受托方为消费税的纳税义务人。 (　　)

11. 委托加工的应税消费品，委托方收回后用于直接销售的，不再缴纳消费税。 (　　)

12. 用外购已税珠宝玉石生产的金银首饰，在计税时一律不得扣除外购珠宝玉石已纳的消费税税款。 (　　)

13. 消费税的纳税环节具有单一性，一般在生产环节征税后，流通环节不再征税。 (　　)

14. 对啤酒生产企业销售的啤酒，不得以向其关联企业的啤酒销售公司销售的价格作为确定消费税税额的标准，而应当以其关联企业的啤酒销售公司对外的销售价格(含包装物及包装物押金)作为确定消费税税额的标准。 (　　)

15. 白酒生产企业向商业销售单位收取的“品牌使用费”，应并入白酒的销售额中缴纳消费税。（ ）

16. 纳税人采用以旧换新方式销售的金银首饰，应按新首饰的同期销售价格确定计税依据征收消费税。（ ）

17. 对超豪华小汽车，在生产(进口)环节按现行税率征收消费税基础上，在零售环节加征消费税。（ ）

18. 进口应税消费品的消费税由海关代征。（ ）

19. 消费税纳税人以1个月或者1个季度为1个纳税期的，自期满之日起15日内申报纳税。（ ）

20. 纳税人销售应税消费品的计税价格明显偏低并无正当理由的，由主管税务机关核定其计税价格。（ ）

四、计算题

1. 某卷烟厂12月经济业务如下：

(1)销售甲类卷烟500箱，取得不含税销售收入900万元；

(2)销售乙类卷烟60箱，取得不含税销售收入84万元；

(3)将10箱甲类卷烟以福利形式发给职工；

请计算该企业应纳消费税为多少(每大箱卷烟为250标准条)。

2. 某酒厂本月生产销售散装啤酒400吨，每吨售价2800元。另外，该厂生产一种新的粮食白酒，广告样品使用0.2吨，已知该种白酒无同类产品出厂价，生产成本为每吨35000元，成本利润率为10%，该厂当月应纳消费税为多少？

答案及解析

一、单项选择题

1. D

解析：用于连续生产卷烟的烟丝，属于应税消费品用于连续生产应税消费品，移送环节不缴纳消费税。

2. D

解析：应税消费品价格明显偏低又无正当理由的，税务机关有权核定其计税价格，卷烟和粮食白酒的计税价格由国家税务总局核定。

3. A

解析：纳税人销售的应税消费品及自产自用的应税消费品，自 2009 年 1 月 1 日起，向机构所在地或者居住地的主管税务机关申报纳税。

4. D

解析：纳税人采取以旧换新(含翻新改制)方式销售的金银首饰，应按实际收取的不含增值税的全部价款确定计税依据征收消费税。

5. C

解析：委托加工应税消费品，税法规定，消费税由受托方(个体户除外)代收代缴，委托方收回后直接销售的，不再征收消费税。

6. D

解析：消费税的征税范围包括：烟、酒、高档化妆品、贵重首饰及珠宝玉石、鞭炮、烟火、成品油、摩托车、小汽车、高尔夫球及球具、高档手表、游艇、木制一次性筷子、实木地板、电池、涂料。电动汽车、卡丁车、高尔夫车不属于消费税征税范围中的小汽车，小轿车属于消费税的征税范围。

7. B

解析：纳税人自产自用的应税消费品，用于连续生产应税消费品的，不纳税；用于其他方面的，于移送使用时纳税。选项 B 中，卷烟厂自产烟丝用于连续生产卷烟，这一环节不征收消费税。而选项 A 中用于交易会样品、选项 C 用于职工奖励、选项 D 用于办公室装修，这些都属于用于其他方面，需要征收消费税。

8. C

解析：纳税人用于换取生产资料和消费资料、投资入股和抵偿债务等方面的应税消费品，应当以纳税人同类应税消费品的最高销售价格作为计税依据计算消费税。本题中最高售价为 12 万元/辆，所以应缴纳消费税 = 1×12×5% = 0.6(万元)。

9. D

解析：对销售除啤酒、黄酒外的其他酒类产品而收取的包装物押金，无论是否返还以及会计上如何核算，均应并入当期销售额征收消费税。所以当月应缴纳消费税 = [80+(2.26÷1.13)]×20%+0.5×白酒销售量(题中未给出暂不考虑) = 16.4(万元)。注意，对于没收的逾期包装物押金 5.65 万元，在之前收取押金时已经计算过消费税，这里不需要重复计算。

10. C

解析：纳税人委托加工应税消费品的，消费税纳税义务发生时间为纳税人提货的当天，而不是支付加工费的当天，所以选项 C 错误；选项 A，自产自用应税消费品，为移送使用当天，是正确的；选项 B，进口应税消费品，报关进口当天纳税义务发生，正确；选项 D，采取预收货款结算方式销售应税消费品，发出应税消费品当天纳税义务发生，正确。

11. A

解析：销售额为纳税人销售应税消费品向购买方收取的全部价款和价外费用，不包括应向购买方收取的增值税税款。手续费属于价外费用，应并入销售额计算消费税。而对于包装物押金，除啤酒、黄酒外的其他酒类产品收取的包装物押金，无论是否返还以及会计上如何核算，均应并入当期销售额征收消费税，本题是化妆品，所以押金暂不计入。所以消费税计税依据 = (45.2+1.5)÷(1+13%)，应缴纳消费税 = (45.2+1.5)÷(1+13%)×15%。

12. B

解析：选项 A，进口应税消费品，纳税义务发生时间是报关进口的当天；选项 C，委托加工应税消费品，纳税义务发生时间是纳税人提货的当天；选项 D，采取预收货款结算方式销售应税消费品，纳税义务发生时间是发出应税消费品的当天。只有选项 B，自产自用应税消费品，为移送使用的当天，是正确的。

13. A

解析：纳税人采用以旧换新(含翻新改制)方式销售的金银首饰，应按实际收取的不含增值税的全部价款确定计税依据征收消费税。实际收取不含税价款 = (4000−2000)×10 = 20000(元)，应缴纳消费税 = 20000×5% = 1000(元)。

14. A

解析：首先确定消费税的计税依据：自产自用的应税消费品，用于职工福利等其他方面，应按照同类消费品的销售价格计算纳税；没有同类消费品销售价格的，按照组成计税价格计算纳税。

组成计税价格的计算公式为：组成计税价格=(成本+利润)÷(1-消费税税率)。这里成本是80000元，利润=成本×成本利润率=80000×5%=4000元。组成计税价格=(80000+4000)÷(1-15%)≈98823.53元。然后计算消费税。

根据消费税计算公式：消费税=组成计税价格×消费税税率。

消费税=98823.53×15%≈14823.53元。

所以答案是A选项。这个题目主要考查了自产自用应税消费品消费税的计算，重点是组成计税价格的计算。

15. C

解析：进口应税消费品，按照组成计税价格计算纳税。组成计税价格=(关税完税价格+关税)÷(1-消费税税率)。关税=100×20%=20(万元)，组成计税价格=(100+20)÷(1-15%)≈141.18(万元)，应纳消费税=141.18×15%≈21.18(万元)。

二、多项选择题

1. BCD

解析：选项A，雪地车不征收消费税。

2. AD

解析：选项B，金银饰品在零售环节征收消费税，在生产环节只征收增值税，不征收消费税；选项C，珍珠饰品在零售环节征收增值税，不征收消费税。

3. ABCD

解析：纳税人采取预收货款方式结算的，其纳税义务的发生时间为发出应税消费品的当天。

4. AD

解析：消费税税率，有两种形式：一种是比例税率；一种是定额税率。一般情况下，对一种消费品只选择一种税率形式，但是为了更有效地保全消费税税基，对一些应税消费品采取了定额税率和比例税率双重征收形式，如卷烟、白酒；纳税人自产应税消费品，不是用于连续生产应税消费品，而是用于其他方面的，于移送使用时纳税，如用于生产非应税消费品和在建工程、管理部门、非生产机构，提供劳务以及用于馈赠、赞助等。

5. AD

解析：采取赊销、分期收款结算方式销售应税消费品，为销售合同规定的收款日期的当天。

6. AB

解析：

选项A，卷烟在批发环节加征一道消费税，同时征收增值税。

选项B，金基合金首饰在零售环节征收消费税，同时征收增值税。

选项C，普通护肤护发品不属于消费税征税范围，只征收增值税。

选项D，外国政府、国际组织无偿援助的进口物资和设备免征增值税，同时小汽车在进口环节如果是用于捐赠等非应税项目，不征收消费税。

7. ABC

解析：

选项A，柴油属于成品油，是消费税的征税范围。

选项B，摩托车属于消费税征税范围。

选项C，珠宝玉石是消费税应税消费品。

选项D，工业酒精不属于消费税征税范围，但是如果是用于调配白酒等应税消费品的酒精成分，在白酒等产品计税范畴内。

8. ABC

解析：

选项A，采取预收货款结算方式销售应税消费品，纳税义务发生时间为发出应税消费品的当天。

选项B，采取托收承付方式销售应税消费品，纳税义务发生时间为发出应税消费品并办妥托收手续的当天。

选项C，采取赊销方式销售应税消费品，纳税义务发生时间为书面合同约定的收款日期的当天，书面合同没有约定收款日期或者无书面合同的，为发出应税消费品的当天。

选项D，纳税人委托加工应税消费品，纳税义务发生时间为纳税人提货的当天，而不是受托人加工完毕的当天。

9. ABCD

解析：

选项A，纳税人采用以旧换新方式销售金银首饰，应按实际收取的不含增值税的全部价款确定计税依据，这是金银首饰以旧换新计税的特殊规定。

选项B，纳税人将不同税率的应税消费品组成成套消费品销售的，从高适用税率，目的是防止纳税人通过成套销售方式避税。

选项C，对于包装物押金，除啤酒、黄酒外的其他酒类产品收取的包装物押金，无论是否返还以及会计上如何核算，均应并入当期销售额征收消费税，这是消费税对于包装物押金的特殊规定。

选项 D，对既销售金银首饰，又销售非金银首饰的生产、经营单位，应将两类商品划分清楚，分别核算销售额。凡划分不清楚或不能分别核算的，在生产环节销售的，一律从高适用税率征收消费税，保证税收的足额征收。

10. BCD

解析：

选项 A，啤酒生产企业生产销售啤酒时收取的包装物押金，不并入销售额计税，啤酒消费税是从量计征的，其包装物押金在逾期时或者收取超过 1 年时才计入销售额计算增值税。

选项 B，白酒生产企业向商业销售单位收取的“品牌使用费”应并入白酒的销售额中缴纳消费税，这是因为品牌使用费属于价外费用的一种。

选项 C，纳税人自产自用的应税消费品，用于连续生产应税消费品的，不纳税；用于其他方面的，于移送使用时纳税，这是消费税自产自用的计税原则。

选项 D，纳税人将自产应税消费品用于换取生产资料等，按同类应税消费品的最高销售价格计税，这是特殊情况下消费税计税依据的确定方法。

11. BC

解析：

选项 A，对既销售金银首饰又销售非金银首饰，销售额不能分别核算的，在生产环节一律按 10%征收消费税是错误的。在零售环节销售金银首饰时按 5%征收消费税，在生产环节销售非金银首饰按适用税率征收消费税，不能区分的，从高适用税率，但不是统一按 10%。

选项 B，其他配置酒不按“白酒”适用税率征税，这是正确的，其他配置酒有自己的税率规定。

选项 C，以外购不同品种白酒勾兑的白酒，一律按照粮食白酒的税率征税，这是为了防止通过勾兑等方式避税。

选项 D，钻石及钻石饰品适用的消费税税率为 5%是错误的，钻石及钻石饰品在零售环节适用税率是 5%，但在其他环节税率不是这样规定的。

12. ABCD

解析：

选项 A，生产环节是消费税的主要征收环节，大多数应税消费品在生产环节征税。

选项 B，零售环节主要对金银首饰、钻石及钻石饰品、超豪华小汽车等征收消费税。

选项 C，批发环节对卷烟加征一道消费税。

选项D，进口环节对于进口的应税消费品要征收消费税。

13. AB

解析：

选项A，委托加工消费税纳税义务发生时间为纳税人提货的当天，这是正确的时间规定。

选项B，委托加工的加工费包括代垫辅助材料的实际成本，这是加工费的正确范围界定。

选项C，受托方没有代收代缴消费税税款，委托方应补缴税款，受托方要受到处罚并且要补税，所以该选项错误。

选项D，由受托方以委托方名义购进原材料生产的应税消费品，不属于委托加工应税消费品，这不符合委托加工的定义。

14. ABCD

解析：

选项A，进口环节消费税除国务院另有规定外，一律不得给予减免税，进口消费税的减免是严格控制的。

选项B，委托加工的已税消费品已由受托方代收代缴的消费税，准予按规定从连续生产的应税消费品应纳消费税税额中抵扣，这是消费税抵扣的规定，避免重复征税。

选项C，对超豪华小汽车，在生产（进口）环节按现行税率征收消费税基础上，在零售环节加征消费税，这是对超豪华小汽车的特殊税收政策。

选项D，消费税一般实行从价定率、从量定额和复合计税三种计税方法，这是消费税的计税方法的分类。

15. ABCD

解析：

选项A，对于实木地板，以委托加工收回的已税实木地板为原料生产的实木地板，准予扣除已纳消费税。这是因为在实木地板的生产链条中，为避免对原材料已缴纳的消费税进行重复征税，当它作为原料用于同类实木地板生产时，允许扣除已纳消费税。

选项B，以委托加工收回的已税高尔夫球杆头为原料生产的高尔夫球杆，准予扣除已纳消费税。高尔夫球杆头在委托加工环节缴纳消费税，当用于生产高尔夫球杆时，从整个产品生产环节连贯性考虑，为避免重复征税，允许扣除已纳消费税。

选项C，以委托加工收回的已税石脑油为原料生产的应税消费品，准予扣除已纳消费税。石脑油是很多化工产品的原料，在委托加工环节缴纳消费税后，用于生产其他应税消费品时，为了税收公平和避免重复征税，允许扣除已纳消费税。

选项D，以委托加工收回的已税润滑油为原料生产的润滑油，准予扣除已纳消费税。

这和前面几种情况类似，主要是为了避免对润滑油在原材料阶段已缴纳的消费税进行重复征税。

三、判断题

1. ×

解析：只有从工业企业购进，才允许扣除外购已税消费品原材料的已纳消费税，从商业企业购进的不允许扣除。

2. ×

解析：发生上述情况，可由税务机关批准后退回应纳税额，但不得直接抵减应纳消费税税额。

3. √

4. ×

解析：卷烟同时在生产和批发环节征税，除此以外，均属于一次课征税。

5. √

6. ×

解析：消费税是对特定的消费品征税，如高档化妆品、贵重首饰及珠宝玉石、烟、酒等；增值税是对在我国境内销售货物或者加工、修理修配劳务，销售服务、无形资产、不动产以及进口货物的单位和个人征收的税种，其征税范围更广泛，二者并不完全相同。

7. √

解析：消费税的税金包含在价格之中，属于价内税；增值税的计税价格是不含增值税税款的价格，税金在价格之外另向购买方收取，属于价外税。

8. ×

解析：对于既销售金银首饰，又销售非金银首饰的生产经营单位，应将两类商品划分清楚，分别核算销售额。凡划分不清楚或不能分别核算的，在生产环节销售的，一律从高适用税率征收消费税，而不是一律按金银首饰征收消费税。

9. ×

解析：纳税人自产自用的应税消费品，用于连续生产应税消费品的，不纳税；用于其他方面的，于移送使用时纳税。

10. ×

解析：委托加工应税消费品，委托方是消费税的纳税义务人，受托方除受托方为个人外，在向委托方交货时代收代缴消费税税款。

11. √

解析：委托加工的应税消费品，委托方收回后用于直接销售的，不再缴纳消费税；委托方收回后用于连续生产应税消费品的，所纳税款准予按规定抵扣。

12. √

解析：用外购已税珠宝玉石生产的金银首饰，在计税时一律不得扣除外购珠宝玉石已纳的消费税税款。因为金银首饰是在零售环节征收消费税，与珠宝玉石在生产环节征税的情况不同。

13. ×

解析：消费税一般在生产环节征税，但也有特殊情况，如金银首饰、钻石及钻石饰品在零售环节征税，卷烟在批发环节加征一道消费税。

14. √

解析：为了防止啤酒生产企业通过关联企业转移定价避税，规定不得以向其关联企业的啤酒销售公司销售的价格作为确定消费税税额的标准，而应当以其关联企业的啤酒销售公司对外的销售价格(含包装物及包装物押金)作为确定消费税税额的标准。

15. √

解析：白酒生产企业向商业销售单位收取的“品牌使用费”，属于价外费用，应并入白酒的销售额中缴纳消费税。

16. ×

解析：纳税人采用以旧换新方式销售的金银首饰，应按实际收取的不含增值税的全部价款确定计税依据征收消费税。

17. √

解析：对超豪华小汽车，在生产(进口)环节按现行税率征收消费税基础上，在零售环节加征消费税，这是为了调节消费结构和引导消费方向。

18. √

解析：进口应税消费品的消费税由海关代征，海关在进口环节对进口应税消费品进行监管并征收包括消费税在内的相关税费。

19. √

解析：消费税纳税人以 1 个月或者 1 个季度为 1 个纳税期的，自期满之日起 15 日内申报纳税，这是消费税纳税申报期限的规定。

20. √

解析：纳税人销售应税消费品的计税价格明显偏低并无正当理由的，由主管税务机关核定其计税价格，以防止纳税人通过不合理定价逃避消费税纳税义务。

四、计算题

1. 解析：

(1)每标准条价格=9000000÷(500×250)=72(元)适用56%税率。

销售甲类卷烟应纳消费税=500×(250×200×0.003)+9000000×56%=511.5(万元)

(2)每标准条价格=840000÷(60×250)=56(元)适用36%税率。

销售乙类卷烟应纳消费税=60×(250×200×0.003)+840000×36%=31.14(万元)

(3)以福利形式发放给职工视同销售。

应纳消费税=10×(250×200×0.003)+9000000×10÷500×56%=10.23(万元)

该企业应纳消费税=511.5+31.14+10.23=552.87(万元)

2. 解析：

组成计税价格=35000×(1+10%)÷(1-20%)=48125(元)

白酒应纳税额=0.2×2000×0.5+48125×0.2×20%=2125(元)

应纳税额=220×400+2125=90125(元)

第四章　企业所得税

内容回顾

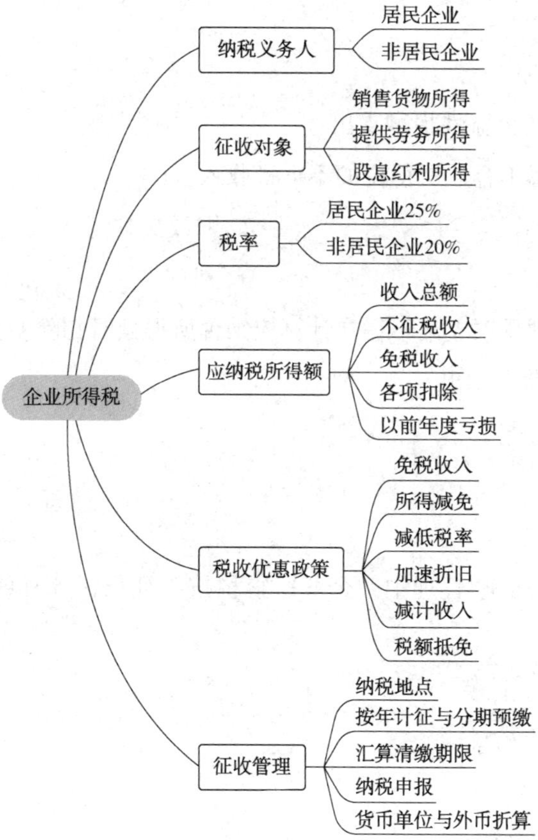

一、单项选择题

1. 企业所得税的纳税义务人不包括以下哪类企业？(　　)

A. 国有企业　　B. 合伙企业

C. 有限责任公司　　D. 个人独资企业

2. 企业所得税的税率为多少？(　　)

A. 20%　　B. 25%

C. 15%　　D. 10%

3. 以下哪项不是企业所得税的征税对象？(　　)

A. 销售货物所得　　B. 提供劳务所得

C. 转让财产所得　　D. 个人所得税

4. 在计算企业所得税应纳税所得额时，不需要进行纳税调整增加的项目是(　　)。

A. 超过税法规定标准的业务招待费支出

B. 国债利息收入

C. 税收滞纳金

D. 超过规定标准的公益性捐赠支出

5. 以下哪项收入属于企业所得税的不征税收入？(　　)

A. 销售货物收入　　B. 财政拨款

C. 租金收入　　D. 利息收入

6. 企业发生的下列哪项支出不得在计算应纳税所得额时扣除？(　　)

A. 合理的工资、薪金支出

B. 职工福利费

C. 税收滞纳金

D. 社会保险费

7. 在企业所得税的征收管理中，企业所得税按年计征，分月或分季预缴的方式描述错误的是(　　)。

A. 按年计征，分月预缴

B. 按年计征，分季预缴

C. 年终汇算清缴

D. 按月计征，分季预缴

8. 企业所得税的纳税人包括以下哪些组织？(　　)

A. 各类企业和取得收入的组织

B. 个体工商户

C. 个人独资企业

D. 合伙企业

9. 企业所得税的征收对象不包括以下哪项？(　　)

A. 销售货物所得

B. 提供劳务所得

C. 个人所得税

D. 租金所得

10. 适用于非居民企业在中国境内未设立机构、场所的企业所得税的税率是(　　)。

A. 20%　　B. 25%

C. 15%　　D. 10%

11. 在企业所得税的应纳税所得额计算中，以下哪项不计入收入总额？(　　)

A. 销售货物所得　　B. 财政拨款

C. 租金所得　　D. 利息所得

12. 在企业所得税中，以下哪项不是税前扣除项目？(　　)

A. 成本　　B. 费用

C. 罚金　　D. 损失

13. 在企业所得税的税收优惠政策中，以下哪项不是免税收入？(　　)

A. 国债利息收入

B. 股息、红利等权益性投资收益

C. 罚款

D. 非营利组织的收入

14. 在企业所得税的税收优惠政策中，以下哪项不是所得税减免项目？(　　)

A. 农作物新品种的选育

B. 花卉种植

C. 批发和零售业

D. 海水养殖

15. 下列项目中，不适用企业所得税税收优惠政策的是(　　)。

A. 高新技术企业

B. 烟草制造业

C. 技术先进型服务企业

D. 集成电路生产企业

16. 在企业所得税的税收优惠政策中，以下哪项不是加速折旧的条件？(　　)

A. 技术进步

B. 产品更新换代快

C. 常年处于强震动状态

D. 企业所得税税率为 25%

17. 在企业所得税的境外所得税收抵免中，以下哪项不是抵免限额的条件？(　　)

A. 居民企业来源于中国境外的应税所得

B. 非居民企业在中国境内设立机构、场所，取得的所得与该机构、场所有实际联系

C. 非居民企业在中国境内未设立机构、场所的所得

D. 已在境外缴纳的所得税税额

18. 在企业所得税的征收管理中，企业所得税按年计征，分月或分季预缴的方式中，以下哪项不是预缴税款的依据？(　　)

A. 月度实际利润额

B. 季度实际利润额

C. 上一纳税年度应纳税所得额的月度平均额

D. 企业注册资本

19. 在企业所得税的纳税人中，以下哪类企业不是居民企业？(　　)

A. 依法在中国境内成立的企业

B. 依照外国法律成立但实际管理机构在中国境内的企业

C. 依照外国法律成立且实际管理机构不在中国境内的企业

D. 依法在中国境内成立的个人独资企业

20. 适用于在中国境内设立机构、场所且取得的所得与其所设机构、场所有实际联系的非居民企业企业所得税的税率是(　　)。

A. 20%　　B. 25%　　C. 15%　　D. 10%

21. 下列各项费用支出，在超过企业所得税税法规定的扣除标准后，不能在以后纳税年度结转扣除的是(　　)。

A. 业务招待费

B. 职工教育经费

C. 广告费

D. 公益性捐赠支出(结转年限为 3 年)

22. 在企业所得税的税收优惠政策中，以下哪项不是免税收入？(　　)

A. 国债利息收入

B. 非营利组织的收入

C. 烟草制造业的收入

D. 符合条件的居民企业之间的股息、红利等权益性投资收益

23. 2023 年初，企业“利润分配”账户有借方余额 400 万元(2020 年发生的亏损)，2023 年实现税前会计利润为 1000 万元，其中包括国债利息收入 40 万元，税收滞纳金 60 万元，适用所得税税率为 25%。不考虑其他因素，则企业 2023 年的应交所得税为(　　)万元。

A. 112　　B. 130

C. 155　　D. 140

24. 某企业 2023 年实现销售收入 3000 万元，发生的与生产经营活动有关的业务招待费支出 20 万元。已知企业发生的与生产经营活动有关的业务招待费支出，按照发生额的 60%扣除，但最高不得超过当年销售(营业)收入的 5‰。该企业 2023 年在计算应纳税所得额时可以扣除的业务招待费是(　　)万元。

A. 12　　B. 15

C. 18　　D. 20

25. 某企业 2023 年度利润总额为 800 万元，其中国债利息收入 20 万元，企业实际发生的与取得收入有关的、合理的支出，包括成本、费用、税金、损失和其他支出共计 600 万元。企业所得税税率为 25%。该企业 2023 年应缴纳企业所得税(　　)万元。

A. 150　　B. 195

C. 170　　D. 200

26. 某企业 2023 年的工资薪金总额为 500 万元，职工福利费支出 80 万元。企业所得税法规定，企业发生的职工福利费支出，不超过工资薪金总额 14%的部分准予扣除。该企业 2023 年在计算应纳税所得额时，应调增应纳税所得额(　　)万元。

A. 10　　B. 20

C. 30　　D. 40

27. 某企业 2023 年实现会计利润 1200 万元，当年发生公益性捐赠支出 180 万元。企业所得税法规定，企业发生的公益性捐赠支出，在年度利润总额 12%以内的部分，准予在计算应纳税所得额时扣除。该企业 2023 年应纳税所得额为(　　)万元。

A. 1200　　B. 1236

C. 1380　　D. 1440

28. 某企业 2023 年取得产品销售收入 5000 万元，出租固定资产租金收入 200 万元，接受捐赠收入 100 万元，国债利息收入 30 万元；当年实际发生的业务招待费为 30 万元。该企业当年可在所得税前列支的业务招待费金额是(　　)万元。

A. 15　　B. 18

C. 20　　D. 30

29. 企业所得税的税收优惠政策中，以下哪项不是减计收入的项目？(　　)

A. 综合利用资源，生产符合国家产业政策规定的产品所取得的收入

B. 金融机构农户小额贷款的利息收入

C. 软件生产企业实行增值税即征即退政策所退还的税款，用于研究开发软件产品和扩大再生产

D. 花卉种植企业销售花卉的收入

30. 企业所得税的税收优惠政策中，以下哪项不是所得减免项目？(　　)

A. 海水养殖　　B. 林产品的采集

C. 技术转让所得　　D. 房地产开发经营

二、多项选择题

1. 企业所得税的纳税人包括(　　)。

A. 国有企业　　B. 合伙企业

C. 有限责任公司　　D. 个人独资企业

2. 企业所得税的税率适用于以下哪些企业？(　　)

A. 居民企业　　B. 非居民企业

C. 个体工商户　　D. 个人独资企业

3. 企业所得税的征税对象包括以下哪些所得？(　　)

A. 销售货物所得　　B. 提供劳务所得

C. 个人所得税　　D. 股息红利所得

4. 企业所得税的应纳税所得额计算公式中包括以下哪些项目？(　　)

A. 收入总额　　B. 不征税收入

C. 免税收入　　D. 各项扣除

5. 在企业所得税的税收优惠政策中，以下哪些属于免税收入？(　　)

A. 国债利息收入

B. 股息、红利等权益性投资收益

C. 罚款

D. 非营利组织的收入

6. 在企业所得税的税收优惠政策中，以下哪些属于所得减免项目？(　　)

A. 农作物新品种的选育

B. 花卉种植

C. 批发和零售业

D. 牲畜、家禽的饲养

7. 在企业所得税的境外所得税收抵免中，以下哪些属于抵免限额的条件？(　　)

A. 居民企业来源于中国境外的应税所得

B. 非居民企业在中国境内设立机构、场所，取得的所得与该机构、场所有实际联系

C. 非居民企业在中国境内未设立机构、场所的所得

D. 已在境外缴纳的所得税税额

8. 在企业所得税的征收管理中，企业所得税按年计征，分月或分季预缴的方式中，以下哪些是预缴税款的依据？(　　)

A. 月度实际利润额

B. 季度实际利润额

C. 上一纳税年度应纳税所得额的月度平均额

D. 企业注册资本

9. 在企业所得税的纳税人中，以下哪些企业是居民企业？(　　)

A. 依法在中国境内成立的企业

B. 依照外国法律成立但实际管理机构在中国境内的企业

C. 依照外国法律成立且实际管理机构不在中国境内的企业

D. 依法在中国境内成立的个人独资企业

10. 下列各项中，属于企业所得税纳税人的有(　　)。

A. 在中国境内成立的个人独资企业

B. 在中国境内成立的外商投资企业

C. 在中国境内未设立机构、场所，但有来源于中国境内所得的外国企业

D. 在中国境内设立机构、场所且取得的所得与其所设机构、场所有实际联系的外国企业

11. 在企业所得税的应纳税所得额计算中，以下哪些项目计入收入总额？(　　)

A. 销售货物所得

B. 提供劳务所得

C. 财政拨款

D. 股息红利所得

12. 根据企业所得税法律制度的规定，下列收入属于不征税收入的有(　　)。

A. 财政拨款

B. 依法收取并纳入财政管理的行政事业性收费

C. 依法收取并纳入财政管理的政府性基金

D. 国债利息收入

13. 企业在计算应纳税所得额时，不得扣除的项目有(　　)。

A. 税收滞纳金　　B. 罚金、罚款

C. 被没收财物的损失　　D. 未经核定的准备金支出

14. 下列支出中，在计算企业所得税应纳税所得额时，可以加计扣除的有(　　)。

A. 开发新技术、新产品、新工艺发生的研究开发费用

B. 安置残疾人员及国家鼓励安置的其他就业人员所支付的工资

C. 创业投资企业从事国家需要重点扶持和鼓励的创业投资的投资额

D. 企业购置用于环境保护、节能节水、安全生产等专用设备的投资额

15. 下列关于企业所得税税率的表述，正确的有(　　)。

A. 居民企业适用的基本税率为25%

B. 在中国境内未设立机构、场所的非居民企业，其来源于中国境内的所得适用税率为20%

C. 在中国境内设立机构、场所的非居民企业，取得的与其所设机构、场所有实际联系的所得适用税率为20%

D. 国家需要重点扶持的高新技术企业适用税率为15%

16. 在计算企业所得税应纳税所得额时，下列固定资产折旧准予扣除的有(　　)。

A. 房屋、建筑物以外未投入使用的固定资产

B. 以经营租赁方式租入的固定资产

C. 以融资租赁方式租出的固定资产

D. 与经营活动有关的固定资产

17. 企业所得税法规定，企业从事下列项目的所得，减半征收企业所得税的有(　　)。

A. 花卉的种植　　B. 茶的种植

C. 海水养殖　　D. 内陆养殖

18. 下列各项中，在计算企业所得税应纳税所得额时，应计入收入总额的有(　　)。

A. 转让专利权收入

B. 债务重组收入

C. 接受捐赠收入

D. 确实无法偿付的应付款项

19. 根据企业所得税法律制度的规定，企业的下列资产或支出项目中，不得计算折旧或摊销费用在税前扣除的有(　　)。

A. 已足额提取折旧的固定资产的改建支出

B. 单独估价作为固定资产入账的土地

C. 以融资租赁方式租入的固定资产

D. 未投入使用的机器设备

20. 下列关于企业所得税扣除项目的表述，正确的有(　　)。

A. 企业发生的合理的工资、薪金支出，准予扣除

B. 企业参加财产保险，按照规定缴纳的保险费，准予扣除

C. 企业发生的职工教育经费支出，不超过工资薪金总额8%的部分，准予扣除；超过部分，准予在以后纳税年度结转扣除

D. 企业拨缴的工会经费，不超过工资薪金总额2%的部分，准予扣除

21. 企业从事下列项目的所得，免征企业所得税的有(　　)。

A. 蔬菜、谷物、薯类、油料、豆类的种植

B. 花卉、茶的种植

C. 林木的培育和种植

D. 农产品初加工

22. 在企业所得税征收管理中，企业所得税按年计征，分月或分季预缴，以下哪些可以作为预缴税款的依据？(　　)

A. 月度或者季度的预计利润额

B. 上一纳税年度应纳税所得额的季度平均额

C. 经税务机关认可的其他方法确定的月度或者季度应纳税所得额

D. 企业资产总额的月度或者季度平均数

23. 在企业所得税纳税主体的判定中，以下哪些属于居民企业范畴？(　　)

A. 在中国境内注册登记，总部也在中国境内的国有企业

B. 依照外国法律成立，实际控制人是中国公民，且实际管理机构在中国境内的外资企业

C. 按照中国法律设立，董事会等决策机构在中国境内运作的股份制企业

D. 依照外国法律成立，在中国境内设有分支机构，且主要管理决策在中国境内分支机构作出的企业

24. 企业所得税税率适用范围包括以下哪些主体？(　　)

A. 在中国境内设立机构、场所的非居民企业，其所设机构、场所取得的来源于中国境内的所得

B. 在中国境内未设立机构、场所，但有来源于中国境内所得的非居民企业(实行源泉扣缴，法定税率)

C. 依照外国法律成立但实际管理机构在中国境内的居民企业

D. 在中国境内依法成立的实行独立核算的企业集团总部

25. 在企业所得税应纳税所得额计算时，以下哪些应计入收入总额？(　　)

A. 转让财产所得

B. 租金所得

C. 依法收取并纳入财政管理的行政事业性收费

D. 特许权使用费所得

26. 下列各项中，属于企业所得税不征税收入的有(　　)。

A. 依法收取并纳入财政管理的行政事业性收费

B. 财政拨款

C. 国债利息收入

D. 接受捐赠收入

27. 在企业所得税税收优惠政策中，以下哪些属于所得减免项目？(　　)

A. 中药材的种植

B. 远洋捕捞

C. 海水养殖

D. 内陆养殖

28. 在企业所得税境外所得税收抵免中，以下哪些属于考虑抵免限额的相关条件？(　　)

A. 居民企业来源于境外的特许权使用费所得

B. 非居民企业在中国境内设立机构、场所，取得来源于境外且与该机构、场所有实际联系的财产转让所得

C. 居民企业来源于境外的劳务所得

D. 非居民企业在中国境内设立机构、场所，取得来源于境外且与该机构、场所有实际联系的租金所得

29. 在企业所得税按年计征、分月或分季预缴的征收管理方式下，以下哪些可以作为预缴税款的依据？(　　)

A. 经税务机关认可的按月度或季度预计应纳税所得额

B. 按照月度或季度财务报表中调整后的会计利润额

C. 上一纳税年度应纳税所得额的季度平均额的一定比例(税务机关规定比例)

D. 由企业自行预估的年度应纳税所得额的月度或季度分解额

30. 以下属于企业所得税居民企业的是(　　)。

A. 依照中国法律在中国境内成立的有限责任公司

B. 依照外国法律成立但实际管理机构在中国境内的合伙企业

C. 依照外国法律成立，实际管理机构不在中国境内，但是在中国境内设立机构、场所的企业

D. 依法在中国境内成立的一人有限公司

31. 根据企业所得税法律制度的规定，下列各项中，属于企业所得税纳税人的有(　　)。

A. 合伙企业

B. 从事生产经营活动的其他组织

C. 事业单位

D. 一人有限责任公司

32. 下列各项中，在计算企业所得税应纳税所得额时可以扣除的有(　　)。

A. 土地增值税

B. 允许抵扣的增值税

C. 房产税

D. 印花税

33. 根据企业所得税法律制度的规定，下列固定资产中，在计算企业所得税应纳税所得额时不得计算折旧扣除的有(　　)。

A. 与经营活动无关的固定资产

B. 以经营租赁方式租入的固定资产

C. 未投入使用的房屋

D. 以融资租赁方式租出的固定资产

34. 根据企业所得税法律制度的规定，下列关于不同方式下销售商品收入金额确定的表述中，正确的有(　　)。

A. 采用商业折扣方式销售商品的，按照扣除商业折扣后的金额确定销售商品收入金额

B. 采用现金折扣方式销售商品的，按照扣除现金折扣前的金额确定销售商品收入金额

C. 采用售后回购方式销售商品的，按照扣除回购商品公允价值后的余额确定销售商品收入金额

D. 采用以旧换新方式销售商品的，按照扣除回收商品公允价值后的余额确定销售商品收入金额

35. 根据企业所得税法律制度的规定，下列取得收入的主体中，应当缴纳企业所得税的有(　　)。

A. 国有独资公司

B. 股份有限公司

C. 合伙企业

D. 高等院校

36. 根据企业所得税法律制度，下列资产中，不得计提折旧在企业所得税税前扣除的有(　　)。

A. 以经营租赁方式租入的固定资产

B. 以经营租赁方式租出的固定资产

C. 以融资租赁方式租入的固定资产

D. 以融资租赁方式租出的固定资产

37. 根据企业所得税法律制度的规定，下列关于固定资产计税基础的表述中，正确的有(　　)。

A. 纳税人外购的固定资产以购买价款和支付的相关税费以及直接归属于使该资产达到预定用途发生的其他支出为计税基础

B. 纳税人自行建造的固定资产，以竣工结算前发生的支出为计税基础

C. 纳税人盘盈的固定资产，以同类固定资产的重置完全价值为计税基础

D. 纳税人通过捐赠方式取得的固定资产，以该资产的公允价值和支付的相关税费为计税基础

38. 根据企业所得税法律制度的规定，企业发生的下列支出中，超过规定标准的部分准予在以后纳税年度结转扣除的有(　　)。

A. 职工福利费

B. 业务招待费

C. 公益性捐赠

D. 广告费和业务宣传费

39. 根据企业所得税法律制度的规定，下列各项中，属于企业所得税免税收入的有(　　)。

A. 国债利息收入

B. 符合条件的居民企业之间的股息、红利等权益性投资收益

C. 在中国境内设立机构、场所的非居民企业从居民企业取得与该机构、场所有实际联系的股息、红利等权益性投资收益

D. 财政拨款

40. 根据企业所得税法律制度的规定，下列关于企业所得税税率的表述中，正确的有(　　)。

A. 居民企业适用的企业所得税税率为25%

B. 非居民企业在中国境内未设立机构、场所的，或者虽设立机构、场所但取得的所得与其所设机构、场所没有实际联系的，适用的企业所得税税率为20%

C. 符合条件的小型微利企业，适用的企业所得税税率为 20%

D. 国家需要重点扶持的高新技术企业，适用的企业所得税税率为 15%

三、判断题(正确的打“√”，错误的打“×”)

1. 企业所得税的纳税义务人包括各类企业和取得收入的组织。 ( )

2. 个人独资企业属于企业所得税的纳税人。 ( )

3. 企业所得税的税率统一为 25%。 ( )

4. 企业所得税的征税对象包括销售货物所得、提供劳务所得和股息红利所得。 ( )

5. 企业所得税的应纳税所得额计算公式中包括不征税收入。 ( )

6. 在企业所得税的税收优惠政策中，国债利息收入属于免税收入。 ( )

7. 在企业所得税的税收优惠政策中，烟草制造业的收入也属于免税收入。 ( )

8. 在企业所得税的境外所得税收抵免中，非居民企业在中国境内未设立机构、场所的所得可以抵免。 ( )

9. 在企业所得税的征收管理中，企业所得税是按年计征，分月或分季预缴的。 ( )

10. 在企业所得税的纳税人中，依法在中国境内成立的个人独资企业不是居民企业。 ( )

11. 企业所得税的税率适用于在中国境内设立机构、场所且取得的所得与其所设机构、场所有实际联系的非居民企业，其税率也是 25%。 ( )

12. 在企业所得税的应纳税所得额计算中，财政拨款计入收入总额。 ( )

13. 在企业所得税的税收优惠政策中，符合条件的居民企业之间的股息、红利等权益性投资收益不属于免税收入。 ( )

14. 在企业所得税的税收优惠政策中，批发和零售业属于所得减免项目。 ( )

15. 在企业所得税的境外所得税收抵免中，居民企业来源于中国境外的应税所得可以抵免。 ( )

16. 在企业所得税的征收管理中，企业所得税是按季计征，分月预缴的。 ( )

17. 在企业所得税的纳税人中，依照外国法律成立但实际管理机构在中国境内的企业是居民企业。 ( )

18. 企业所得税的税率适用于在中国境内未设立机构、场所的非居民企业是 20%。 ( )

19. 在企业所得税的应纳税所得额计算中，股息、红利所得计入收入总额。 ( )

20. 在企业所得税的税收优惠政策中，非营利组织的收入属于免税收入。（　　）

21. 在企业所得税的境外所得税收抵免中，已在境外缴纳的所得税税额可以抵免。

（　　）

22. 在企业所得税的征收管理中，企业所得税是按月计征，分季预缴的。（　　）

23. 在企业所得税的纳税人中，依法在中国境内成立的企业是居民企业。（　　）

24. 企业所得税的税率适用于居民企业是25%。（　　）

25. 在企业所得税的应纳税所得额计算中，提供劳务所得计入收入总额。（　　）

26. 在企业所得税的税收优惠政策中，国债利息收入不属于免税收入。（　　）

27. 在企业所得税的税收优惠政策中，花卉种植属于所得减免项目。（　　）

28. 在企业所得税的境外所得税收抵免中，非居民企业在中国境内设立机构、场所，取得的所得与该机构、场所有实际联系的可以抵免。（　　）

29. 在企业所得税的征收管理中，企业所得税只能按年计征，分月预缴，不存在分季预缴的方式。（　　）

30. 在企业所得税的纳税人中，依照外国法律成立且实际管理机构不在中国境内的企业不是居民企业。（　　）

四、计算题

1. 某企业2024年取得销售收入为500万元，销售成本为300万元，销售费用为50万元，管理费用为40万元，财务费用为10万元，税金及附加为5万元，营业外收入为10万元，营业外支出为8万元。计算该企业2024年应缴纳的企业所得税。（假设企业所得税税率为25%）

2. 某企业 2024 年取得营业收入为 800 万元，营业成本为 400 万元，税金及附加为 50 万元，销售费用为 100 万元，管理费用为 80 万元，财务费用为 10 万元，营业外收入为 20 万元，营业外支出为 30 万元。计算该企业 2024 年的应纳税所得额。

3. 某企业 2024 年营业收入为 3000 万元，发生业务招待费 20 万元，实际发生广告费和业务宣传费 600 万元，会计利润为 400 万元，通过公益性社会组织向灾区捐赠 50 万元，工资薪金总额为 300 万元，实际发生职工福利费 45 万元。计算该企业 2024 年应纳税所得额。(假设无其他调整事项)

答案及解析

一、单项选择题

1. D

解析：根据规定，个人独资企业属于自然人性质企业，不具备法人资格，不属于企业所得税纳税人。

2. B

解析：居民企业适用的税率为25%。

3. D

解析：个人所得税不属于企业所得税的征税对象。

4. B

解析：A选项超过税法规定标准的业务招待费支出，超标部分不能在税前全额扣除，需纳税调整增加；C选项税收滞纳金属于不得在税前扣除项目，要纳税调整增加；D选项超过规定标准的公益性捐赠支出，超出部分不能在当年税前扣除，需纳税调整增加；B选项国债利息收入属于免税收入，是应纳税所得额计算时的扣除项，无需纳税调整增加。

5. B

解析：财政拨款属于不征税收入。

6. C

解析：税收滞纳金不得在计算应纳税所得额时扣除。

7. D

解析：企业所得税是按年计征，分月或分季预缴，而不是按月计征。

8. A

解析：企业所得税的纳税人包括各类企业和取得收入的组织。

9. C

解析：个人所得税不是企业所得税的征收对象。

10. A

解析：非居民企业在中国境内未设立机构、场所的，适用税率为20%。

11. B

解析：财政拨款属于不征税收入，不计入收入总额。

12. C

解析：罚金不得在计算应纳税所得额时扣除。

13. C

解析：罚款不属于免税收入。

14. C

解析：批发和零售业不属于所得税减免项目。

15. B

解析：烟草制造业不适用税前加计扣除政策。

16. D

解析：企业所得税税率为25%与加速折旧条件无关。

17. C

解析：非居民企业在中国境内未设立机构、场所的所得不是抵免限额的条件。

18. D

解析：企业注册资本不是预缴税款的依据。

19. C

解析：依照外国法律成立且实际管理机构不在中国境内的企业不是居民企业。

20. B

解析：此类非居民企业适用的税率为25%。

21. A

解析：选项A，企业发生的与生产经营活动有关的业务招待费支出，按照发生额的60%扣除，但最高不得超过当年销售(营业)收入的5‰。超过部分不可以在以后纳税年度结转扣除。例如，某企业当年营业收入为1000万元，发生业务招待费20万元。按照规定，可扣除的业务招待费为1000×5‰=5万元(20×60%=12万元，已经超过5万元)，超过的15万元不能在以后年度结转扣除。

选项B，企业发生的职工教育经费支出，不超过工资薪金总额8%的部分，准予在计算企业所得税应纳税所得额时扣除；超过部分，准予在以后纳税年度结转扣除。

选项C，企业发生的符合条件的广告费和业务宣传费支出，除国务院财政、税务主管部门另有规定外，不超过当年销售(营业)收入15%的部分，准予扣除；超过部分，准予在以后纳税年度结转扣除。

选项D，企业当年发生以及以前年度结转的公益性捐赠支出，不超过年度利润总额12%的部分，准予扣除。超过部分准予结转以后三年内在计算应纳税所得额时扣除。

22. C

解析：烟草制造业的收入不属于免税收入。

23. C

解析：计算过程如下：会计利润为 1000 万元。调减国债利息收入 40 万元。调增税收滞纳金 60 万元。弥补以前年度亏损 400 万元。应纳税所得额 = 1000 - 40 + 60 - 400 = 620（万元）。然后计算应交所得税：应交所得税 = 应纳税所得额 × 所得税税率。已知所得税税率为（25%），则应交所得税 = 620 × 25% = 155（万元）。所以答案是 C 选项。

24. A

解析：首先计算业务招待费发生额的 60%：20 × 60% = 12（万元）。然后计算当年销售（营业）收入的 5‰：3000 × 5‰ = 15（万元）。按照规定，可扣除的业务招待费为两者中的较小者，所以该企业 2023 年在计算应纳税所得额时可以扣除的业务招待费是 12 万元。

25. B

解析：首先，国债利息收入是免税收入，应纳税所得额 = 利润总额 - 免税收入 + 纳税调整增加额（本题无纳税调整增加额）。所以应纳税所得额 = 800 - 20 = 780（万元）。企业所得税 = 应纳税所得额 × 税率 = 780 × 25% = 195（万元）。

26. A

解析：首先计算职工福利费的扣除限额：500 × 14% = 70（万元）。企业实际发生职工福利费支出 80 万元，超过扣除限额的部分需要调增应纳税所得额。应调增应纳税所得额 = 80 - 70 = 10（万元）。

27. B

解析：首先计算公益性捐赠支出的扣除限额：1200 × 12% = 144（万元）。企业实际发生公益性捐赠支出 180 万元，超过扣除限额的部分 180 - 144 = 36（万元）需要调增应纳税所得额。所以应纳税所得额 = 1200 + 36 = 1236（万元）。

28. B

解析：首先计算业务招待费的扣除限额，其计算基数为销售（营业）收入，包括主营业务收入、其他业务收入和视同销售收入，不包括营业外收入和投资收益等。所以计算基数 = 5000 + 200 = 5200（万元）。业务招待费扣除限额 1：5200 × 5‰ = 26（万元）。业务招待费扣除限额 2：30 × 60% = 18（万元）。可在所得税前列支的业务招待费金额为两者中的较小者，即 18 万元。

29. D

解析：选项 A，企业综合利用资源生产符合规定产品取得的收入，是减计收入优惠，按 90% 计入收入总额，所以 A 不符合题意。选项 B，金融机构农户小额贷款利息收入，按 90% 计入收入总额，是减计收入优惠，B 不符合题意。选项 C，软件生产企业退税款用于研发和生产，不作为应税收入，不是减计收入情况，但也是优惠，C 不符合题意。选项

D，花卉种植企业销售花卉收入是应税收入，花卉种植是减半征收，不是减计收入，D符合题意，是答案。

30. D

解析：选项A，海水养殖属于减半征收企业所得税的所得减免项目。选项B，林产品的采集是免征企业所得税的所得减免项目。选项C，一个纳税年度内，居民企业技术转让所得不超过500万元的部分，免征企业所得税；超过500万元的部分，减半征收企业所得税，属于所得减免项目。选项D，房地产开发经营一般不在企业所得税的典型所得减免项目范围内，它是正常的应税项目(特殊政策除外)，所以答案是D。

二、多项选择题

1. AC

解析：企业所得税的纳税人包括各类企业和取得收入的组织，不包括个人独资企业和合伙企业。

2. AB

解析：企业所得税的税率适用于居民企业和非居民企业。

3. ABD

解析：个人所得税不是企业所得税的征税对象。

4. ABCD

解析：应纳税所得额的计算公式为：收入总额−不征税收入−免税收入−各项扣除−以前年度亏损。

5. AD

解析：股息、红利等权益性投资收益和罚款不属于免税收入。

6. ABD

解析：批发和零售业不属于所得减免项目。

7. ABD

解析：非居民企业在中国境内未设立机构、场所的所得不是抵免限额的条件。

8. ABC

解析：企业注册资本不是预缴税款的依据。

9. AB

解析：依照外国法律成立且实际管理机构不在中国境内的企业不是居民企业。

10. BCD

解析：选项A，个人独资企业不是企业所得税的纳税人，个人独资企业和合伙企业缴纳个人所得税。

选项B，在中国境内成立的外商投资企业是企业所得税的纳税人，按照规定缴纳企业所得税。

选项C，在中国境内未设立机构、场所，但有来源于中国境内所得的外国企业，属于非居民企业，应就其来源于中国境内的所得缴纳企业所得税。

选项D，在中国境内设立机构、场所且取得的所得与其所设机构、场所有实际联系的外国企业，属于居民企业，是企业所得税的纳税人。

11. ABD

解析：财政拨款属于不征税收入，不计入收入总额。

12. ABC

解析：选项A，财政拨款属于不征税收入，这是政府对企业的资金支持，不具有营利性质。

选项B，依法收取并纳入财政管理的行政事业性收费，因其性质是为了公共管理等目的收取的费用，不纳入应税范围，属于不征税收入。

选项C，依法收取并纳入财政管理的政府性基金，同样是用于特定的公共用途，不构成企业应税所得，属于不征税收入。

选项D，国债利息收入属于免税收入，它是国家鼓励企业购买国债的政策优惠，与不征税收入性质不同。

13. ABCD

解析：选项A，税收滞纳金是税务机关对企业逾期纳税等行为的一种惩罚性收费，不允许在计算应纳税所得额时扣除。

选项B，罚金、罚款是企业因违反法律法规等受到的处罚，不能作为费用在税前扣除。

选项C，被没收财物的损失也是企业违法违规等导致的，不能在应纳税所得额计算中扣除。

选项D，未经核定的准备金支出，企业自行计提的准备金如果未经税务机关核定，不能作为扣除项目，防止企业通过随意计提准备金来减少应纳税所得额。

14. AB

解析：选项A，企业开展研发活动中实际发生的研发费用，未形成无形资产计入当期损益的，在按规定据实扣除的基础上，按照本年度实际发生额的75%，从本年度应纳税所得额中扣除；形成无形资产的，按照无形资产成本的175%在税前摊销。所以开发新技术、新产品、新工艺发生的研究开发费用可以加计扣除。

选项B，企业安置残疾人员的，在按照支付给残疾职工工资据实扣除的基础上，可以在计算应纳税所得额时按照支付给残疾职工工资的100%加计扣除。

选项C，创业投资企业采取股权投资方式投资于未上市的中小高新技术企业2年以上的，可以按照其投资额的70%在股权持有满2年的当年抵扣该创业投资企业的应纳税所得额，这不是加计扣除。

选项D，企业购置用于环境保护、节能节水、安全生产等专用设备的投资额的10%可以从企业当年的应纳税额中抵免，不是加计扣除。

15. ABD

解析：选项A，居民企业应当就其来源于中国境内、境外的全部所得缴纳企业所得税，适用的基本税率为25%。

选项B，在中国境内未设立机构、场所的非居民企业，或者虽设立机构、场所但取得的所得与其所设机构、场所没有实际联系的，应当就其来源于中国境内的所得缴纳企业所得税，适用税率为20%。

选项C，在中国境内设立机构、场所的非居民企业，取得的与其所设机构、场所有实际联系的所得，适用税率为25%，不是20%。

选项D，国家需要重点扶持的高新技术企业，减按15%的税率征收企业所得税。

16. D

解析：选项A，房屋、建筑物以外未投入使用的固定资产，不得计算折旧扣除。

选项B，以经营租赁方式租入的固定资产，其所有权不属于本企业，不能计提折旧在税前扣除。

选项C，以融资租赁方式租出的固定资产，由承租人计提折旧，出租方不能计提折旧在税前扣除。

选项D，与经营活动有关的固定资产，其折旧可以在计算企业所得税应纳税所得额时准予扣除。

17. ABCD

解析：选项A，花卉的种植所得，企业所得税减半征收，这是对部分农业种植项目的税收优惠政策。

选项B，茶的种植所得也享受减半征收企业所得税的政策，鼓励农业产业发展。

选项C，海水养殖所得减半征收企业所得税，因为水产养殖行业有一定的营利性，减半征收体现税收的引导作用。

选项D，内陆养殖所得同样减半征收企业所得税。

18. ABCD

解析：选项A，转让专利权收入属于转让财产收入，应计入收入总额。

选项B，债务重组收入属于其他收入，应计入收入总额。

选项C，接受捐赠收入应计入收入总额，这是企业资产的增加。

选项D，确实无法偿付的应付款项属于其他收入，应计入收入总额。

19. BD

解析：选项A，已足额提取折旧的固定资产的改建支出，按照固定资产预计尚可使用年限分期摊销，是可以在税前扣除的。

选项B，单独估价作为固定资产入账的土地，不得计算折旧在税前扣除。

选项C，以融资租赁方式租入的固定资产，由承租人计提折旧，是可以在税前扣除的。

选项D，除房屋、建筑物以外未投入使用的固定资产，不得计算折旧在税前扣除，未投入使用的机器设备属于此类情况。

20. ABCD

解析：选项A，企业发生的合理的工资、薪金支出，准予在计算应纳税所得额时扣除，这是企业正常的经营成本支出。

选项B，企业参加财产保险，按照规定缴纳的保险费是企业为了降低经营风险的支出，准予扣除。

选项C，企业发生的职工教育经费支出，不超过工资薪金总额8%的部分，准予在计算应纳税所得额时扣除；超过部分，准予在以后纳税年度结转扣除，这是鼓励企业对员工进行培训的税收政策。

选项D，企业拨缴的工会经费，不超过工资薪金总额2%的部分，准予在计算应纳税所得额时扣除，用于支持工会活动等。

21. ACD

解析：选项A，蔬菜、谷物、薯类、油料、豆类的种植免征企业所得税。选项B，花卉、茶以及其他饮料作物和香料作物的种植减半征收企业所得税。选项C，林木的培育和种植免征企业所得税。选项D，农产品初加工免征企业所得税，这是为了鼓励农产品的初步加工，提高农产品附加值，促进农业产业发展。

22. ABC

解析：选项A，月度或者季度的预计利润额可以作为预缴税款的依据之一，企业可以根据自身预计利润情况先预缴税款，A符合。选项B，用上一纳税年度应纳税所得额的季度平均额来预缴，是一种合理的预缴方式，能够使税款预缴相对稳定，B符合。选项C，经税务机关认可的其他方法确定的月度或者季度应纳税所得额，这是考虑到企业可能有特殊情况，经过税务机关认可后可以作为预缴依据，C符合。选项D，企业资产总额的月度或者季度平均数与企业所得税的计算和预缴没有直接关联，不能作为预缴税款的依据，D不符合。所以 ABC 选项正确。

23. ABCD

解析：选项 A，在中国境内注册登记且总部也在中国境内的国有企业，满足依法在中国境内成立的企业这一居民企业的条件，A 符合。选项 B，依照外国法律成立，但实际管理机构在中国境内（实际控制人是中国公民这一条件进一步说明其与中国联系紧密）的外资企业，符合依照外国法律成立但实际管理机构在中国境内的居民企业判定条件，B 符合。选项 C，按照中国法律设立且董事会等决策机构在中国境内运作的股份制企业，说明其实际管理机构在中国境内，属于依法在中国境内成立的企业，是居民企业，C 符合。选项 D，依照外国法律成立，在中国境内设有分支机构，主要管理决策在境内分支机构作出，这表明其实际管理机构在中国境内，属于依照外国法律成立但实际管理机构在中国境内的居民企业，D 符合。所以 ABCD 选项都符合居民企业的定义。

24. ABCD

解析：选项 A，在中国境内设立机构、场所的非居民企业，其机构、场所取得来源于中国境内的所得，适用企业所得税税率，A 符合。选项 B，在中国境内未设立机构、场所，但有来源于中国境内所得的非居民企业，在源泉扣缴等情况下也适用企业所得税的法定税率，B 符合。选项 C，依照外国法律成立但实际管理机构在中国境内的居民企业，应按企业所得税税率缴纳企业所得税，C 符合。选项 D，在中国境内依法成立的实行独立核算的企业集团总部，属于居民企业范畴，适用企业所得税税率，D 符合。所以 ABCD 选项都正确。

25. ABD

解析：选项 A，转让财产所得属于企业的应税所得，应当计入收入总额来计算企业所得税应纳税所得额，A 符合。选项 B，租金所得是企业的收入来源之一，需要计入收入总额，用于企业所得税的计算，B 符合。选项 C，依法收取并纳入财政管理的行政事业性收费属于不征税收入，不应计入收入总额，C 不符合。选项 D，特许权使用费所得是企业的应税收入，应计入收入总额来计算企业所得税应纳税所得额，D 符合。所以 ABD 选项正确。

26. AB

解析：不征税收入包括财政拨款、依法收取并纳入财政管理的行政事业性收费、政府性基金等。选项 C，国债利息收入属于免税收入。免税收入是指属于企业的应税所得但按照税法规定免予征收企业所得税的收入。选项 D，接受捐赠收入属于应税收入，应计入应纳税所得额缴纳企业所得税。

27. ABCD

解析：选项A，中药材的种植所得免征企业所得税，属于所得减免项目。国家为了鼓励农业产业发展，对中药材种植给予税收优惠，A符合。选项B，远洋捕捞所得免征企业所得税，这是对渔业产业的支持政策，属于所得减免项目，B符合。选项C，海水养殖所得减半征收企业所得税，属于所得减免项目。因为海水养殖是有一定经济收益的产业活动，减半征收体现了税收政策的引导性，C符合。选项D，内陆养殖所得减半征收企业所得税，和海水养殖类似，也是所得减免项目，D符合。所以ABCD选项都正确。

28. ABCD

解析：选项A，居民企业来源于境外的特许权使用费所得属于居民企业来源于中国境外的应税所得，在境外缴纳所得税后，在计算境内应纳税额时可考虑抵免限额，A符合。选项B，非居民企业在中国境内设立机构、场所，取得来源于境外且与该机构、场所有实际联系的财产转让所得，这种情况下境外已纳税部分在一定条件下可考虑抵免限额，B符合。选项C，居民企业来源于境外的劳务所得属于境外应税所得范围，在境外纳税后，涉及抵免限额的计算，C符合。选项D，非居民企业在中国境内设立机构、场所，取得来源于境外且与该机构、场所有实际联系的租金所得，对于境外已纳税额可考虑抵免限额，D符合。所以ABCD选项都正确。

29. ABCD

解析：选项A，经税务机关认可的按月度或季度预计应纳税所得额可以作为预缴税款的依据。税务机关认可的预计数是考虑到企业可能存在特殊经营情况等，是合理的预缴依据，A符合。选项B，按照月度或季度财务报表中调整后的会计利润额，因为会计利润额与应纳税所得额有密切联系，经过适当调整后可以用于预缴税款，B符合。选项C，上一纳税年度应纳税所得额的季度平均额的一定比例（税务机关规定比例），这种方式可以保证预缴税款的相对稳定性和合理性，C符合。选项D，由企业自行预估的年度应纳税所得额的月度或季度分解额，如果没有经过税务机关等认可程序，可能不够准确规范，但如果符合一定的规则和税务机关要求，也可以作为预缴依据，D符合。所以ABCD选项都正确。

30. AD

解析：居民企业是指依法在中国境内成立，或者依照外国（地区）法律成立但实际管理机构在中国境内的企业。

选项A，依照中国法律在中国境内成立的有限责任公司，符合“依法在中国境内成立”这一居民企业的判定条件，所以属于居民企业。选项B，合伙企业不是企业所得税的纳税人，企业所得税的纳税人是具有法人资格的企业，所以该选项不符合要求。选项C，依照外国法律成立，实际管理机构不在中国境内，但是在中国境内设立机构、场所的企业属于非居民企业。非居民企业是指依照外国(地区)法律成立且实际管理机构不在中国境内，但在中国境内设立机构、场所的，或者在中国境内未设立机构、场所，但有来源于中国境内所得的企业。选项D，依法在中国境内成立的一人有限公司，属于“依法在中国境内成立”的企业，是居民企业。

31. BCD

解析：企业所得税的纳税人包括各类企业、事业单位、社会团体、民办非企业单位和从事生产经营活动的其他组织，不包括个人独资企业和合伙企业。

32. ACD

解析：企业缴纳的增值税、企业所得税，以及允许抵扣的增值税，不得在企业所得税前扣除；而土地增值税、房产税、印花税是可以在计算企业所得税应纳税所得额时扣除的。

33. ABD

解析：在计算应纳税所得额时，房屋、建筑物以外未投入使用的固定资产不得计算折旧扣除，未投入使用的房屋是可以计算折旧扣除的；以经营租赁方式租入的、以融资租赁方式租出的以及与经营活动无关的固定资产均不得计算折旧扣除。

34. AB

解析：采用售后回购方式销售商品的，销售的商品按售价确认收入，回购的商品作为购进商品处理；采用以旧换新方式销售商品的，应当按照销售商品收入确认条件确认收入，回收的商品作为购进商品处理。

35. ABD

解析：企业所得税的纳税人包括各类企业、事业单位、社会团体、民办非企业单位和从事经营活动的其他组织，但不包括个人独资企业和合伙企业。

36. AD

解析：以经营租赁方式租入的固定资产，承租方没有所有权，所以不得计提折旧扣除；以融资租赁方式租出的固定资产，实质上已经不属于出租方的资产，所以也不得计提折旧扣除。

37. ABCD

解析：以上选项均是企业所得税法律制度中对于固定资产计税基础的正确规定。

38. CD

解析：企业发生的公益性捐赠支出，超过年度利润总额12%的部分，准予结转以后3年内在计算应纳税所得额时扣除；企业发生的符合条件的广告费和业务宣传费支出，除国务院财政、税务主管部门另有规定外，不超过当年销售(营业)收入15%的部分，准予扣除，超过部分，准予在以后纳税年度结转扣除。

39. ABC

解析：国债利息收入，符合条件的居民企业之间的股息、红利等权益性投资收益，在中国境内设立机构、场所的非居民企业从居民企业取得与该机构、场所有实际联系的股息、红利等权益性投资收益属于企业所得税的免税收入；而财政拨款属于不征税收入，不属于免税收入。

40. ABCD

解析：以上关于企业所得税税率的表述均是正确的，居民企业的基本税率为25%；非居民企业在中国境内未设立机构、场所的，或者虽设立机构、场所但取得的所得与其所设机构、场所没有实际联系的，适用20%的税率(但实际按10%征收)；符合条件的小型微利企业适用20%的税率；国家需要重点扶持的高新技术企业适用15%的税率。

三、判断题

1. √

解析：企业所得税的纳税义务人是指在中华人民共和国境内，企业和其他取得收入的组织(以下统称企业)，包括各类企业、事业单位、社会团体、民办非企业单位和从事经营活动的其他组织。个人独资企业、合伙企业除外。

2. ×

解析：个人独资企业不属于企业所得税纳税人，其投资者应缴纳个人所得税。因为个人独资企业不具有法人资格，企业的财产与投资者个人财产无法区分，从所得税性质角度考虑，对其投资者征收个人所得税更合适。

3. ×

解析：企业所得税的基本税率是25%，但还有优惠税率。例如，符合条件的小型微利企业，减按20%的税率征收企业所得税；国家需要重点扶持的高新技术企业，减按15%的税率征收企业所得税。

4. √

解析：企业所得税的征税对象包括销售货物所得、提供劳务所得、转让财产所得、股息红利等权益性投资所得、利息所得、租金所得、特许权使用费所得、接受捐赠所得和其他所得。这些所得是企业在生产经营活动以及其他活动中取得的收入，是企业所得税计税的基础。

5. ×

解析：应纳税所得额=收入总额-不征税收入-免税收入-各项扣除-以前年度亏损。不征税收入是在计算应纳税所得额时需要从收入总额中减除的部分，而不是包括在应纳税所得额计算公式中的项目。

6. √

解析： 国债利息收入属于免税收入。这是因为国债是国家筹集财政资金的一种方式，为了鼓励企业购买国债，对国债利息收入给予免税优惠。例如，企业购买国债取得 10 万元利息收入，在计算企业所得税应纳税所得额时，这 10 万元是可以扣除的，不需要缴纳企业所得税。

7. ×

解析： 烟草制造业一般不属于免税收入范畴。烟草行业是国家实行专卖管理并对其征收高额税收的行业，没有特殊的免税政策，其生产经营所得正常计算缴纳企业所得税。

8. ×

解析： 非居民企业在中国境内未设立机构、场所的，或者虽设立机构、场所但取得的所得与其所设机构、场所没有实际联系的，应当就其来源于中国境内的所得缴纳企业所得税，不存在境外所得抵免情况，因为其没有境外相关应税所得用于抵免。

9. √

解析： 企业所得税是按年计征，分月或者分季预缴。企业应当自月份或者季度终了之日起 15 日内，向税务机关报送预缴企业所得税纳税申报表，预缴税款；年度终了之日起 5 个月内报送年度企业所得税纳税申报表，并汇算清缴，结清应缴应退税款。

10. √

解析： 个人独资企业不是居民企业。居民企业是指依法在中国境内成立，或者依照外国(地区)法律成立但实际管理机构在中国境内的企业。个人独资企业不具有法人资格，不符合居民企业的定义。

11. √

解析： 在中国境内设立机构、场所且取得的所得与其所设机构、场所有实际联系的非居民企业，适用税率为 25%。这是为了保证企业所得税税负的公平性，对于这类在中国境内有实际经营活动且所得与之相关的非居民企业，按照基本税率征税。

12. ×

解析： 财政拨款不计入企业所得税的收入总额用于计算应纳税所得额。财政拨款属于不征税收入，是政府为了支持企业特定项目等给予的资金，在计算企业所得税时应从收入总额中减除。

13. ×

解析： 符合条件的居民企业之间的股息、红利等权益性投资收益属于免税收入。这是为了避免企业之间的股息、红利等收益重复征税，促进企业之间的投资活动。

14. ×

解析：批发和零售业一般不属于所得减免项目。所得减免项目主要是针对一些特定的产业，如农、林、牧、渔业项目，国家重点扶持的公共基础设施项目等，批发和零售业不在这些特殊减免范围内。

15. √

解析：居民企业来源于中国境外的应税所得可以抵免。这是为了避免国际重复征税，企业已经在境外缴纳的所得税税额，可以从其当期应纳税额中抵免，抵免限额为该项所得依照本法规定计算的应纳税额。

16. ×

解析：企业所得税是按年计征，分月或者分季预缴，不是按季计征，分月预缴。

17. √

解析：依照外国法律成立但实际管理机构在中国境内的企业是居民企业。实际管理机构是指对企业的生产经营、人员、账务、财产等实施实质性全面管理和控制的机构，这种情况下企业与中国经济联系紧密，应认定为居民企业。

18. √

解析：在中国境内未设立机构、场所的非居民企业，或者虽设立机构、场所但取得的所得与其所设机构、场所没有实际联系的，其来源于中国境内的所得适用税率为20%（实际减按10%征收）。这是考虑到这类企业在中国境内的经营活动相对有限，适用较低税率。

19. √

解析：股息、红利所得计入收入总额。收入总额包括企业以货币形式和非货币形式从各种来源取得的收入，股息、红利等权益性投资收益是企业收入的一种重要形式，在计算企业所得税应纳税所得额时，是收入总额的组成部分。

20. √

解析：符合条件的非营利组织的收入属于免税收入。这是为了支持非营利组织的发展，使其能更好地从事公益事业等，对其符合条件的收入给予免税优惠。

21. √

解析：企业所得税境外所得税收抵免中，企业已在境外缴纳的所得税税额可以抵免。这是为了避免对企业境外所得双重征税，合理减轻企业税负，企业可以按照规定将境外已纳税额在一定限额内抵免境内应纳税额。

22. ×

解析：企业所得税是按年计征，分月或者分季预缴，不是按月计征，分季预缴。

23. √

解析：依法在中国境内成立的企业是居民企业。这是居民企业判定的一个标准，体现了属地原则，只要在中国境内依法成立的企业，就属于居民企业范畴。

24. √

解析：居民企业适用的基本税率是25%，但有税收优惠等特殊情况可以适用其他税率。

25. √

解析：提供劳务所得计入收入总额。企业通过提供劳务取得的收入是企业收入的一种常见形式，在计算企业所得税应纳税所得额时，应计入收入总额。

26. ×

解析：国债利息收入属于免税收入，这是税收优惠政策之一，用于鼓励企业购买国债等。

27. √

解析：花卉种植属于所得减免项目。对于农、林、牧、渔业项目中的部分项目，如花卉种植等，有税收优惠政策，其所得可以减免企业所得税，这有利于促进农业产业的发展。

28. √

解析：非居民企业在中国境内设立机构、场所，取得的所得与该机构、场所有实际联系的境外所得可以抵免。这是为了避免国际重复征税，使企业在境外已缴纳的税款在一定程度上得到抵免。

29. ×

解析：企业所得税是按年计征，分月或者分季预缴。企业可以根据自身实际情况选择分月或者分季预缴企业所得税。这是为了方便企业根据自身的财务核算周期和现金流等情况，更灵活地履行纳税义务。

30. √

解析：依照外国法律成立且实际管理机构不在中国境内的企业不是居民企业。这是根据居民企业的定义来判定的，这种企业与中国经济联系相对较弱，不属于居民企业范畴。

四、计算题

1. **解析**：

首先计算会计利润，

会计利润=销售收入-销售成本-销售费用-管理费用-财务费用-

税金及附加+营业外收入-营业外支出

=500-300-50-40-10-5+10-8

=97(万元)

其次计算应纳税所得额，本题没有需要调整的项目，所以应纳税所得额=会计利润=97万元。

最后计算企业所得税，

企业所得税=应纳税所得额×税率=97×25%=24.25(万元)

2. **解析**：

首先计算会计利润，

会计利润=营业收入-营业成本-税金及附加-销售费用-管理费用-

财务费用+营业外收入-营业外支出

=800-400-50-100-80-10+20-30

=150(万元)

本题没有需要特殊调整的项目，所以应纳税所得额=会计利润=150万元。

3. **解析**：

业务招待费调整：

按照营业收入的5‰计算，3000×5‰=15(万元)

按照业务招待费实际发生额的60%计算，20×60%=12(万元)

扣除限额取12万元，纳税调整金额=20-12=8(万元)

广告费和业务宣传费调整：

扣除限额=3000×15%=450(万元)

纳税调整金额=600-450=150(万元)

公益性捐赠调整：

扣除限额=400×12%=48(万元)

纳税调整金额=50-48=2(万元)

职工福利费调整：

扣除限额=300×14%=42(万元)

纳税调整金额=45-42=3(万元)

应纳税所得额=会计利润+各项纳税调整增加额

=400+8+150+2+3

=563(万元)

第五章　个人所得税

内容回顾

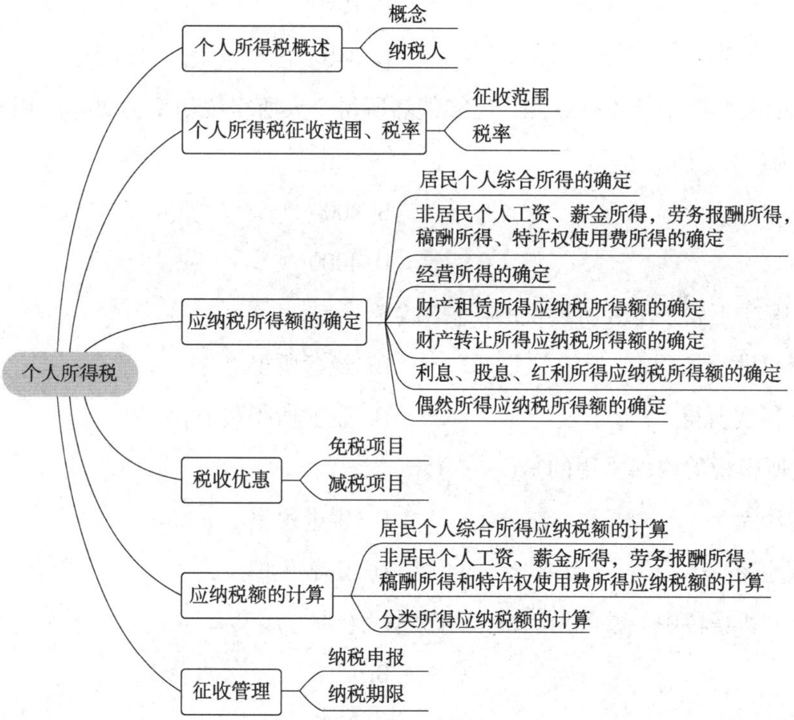

一、单项选择题

1. 在下列人员中属于个人所得税居民个人的是(　　)。

A. 2024 年在中国境内居住时间为 156 天的台湾同胞

B. 自 2024 年 4 月 1 日至 2024 年 6 月 30 日，在中国境内工作的外籍专家

C. 在中国境内无住所且不居住的外籍人员

D. 在武汉开设小卖部的个体工商户业主中国居民张某

2. 下列所得，不属于个人所得税“工资、薪金所得”应税项目的是(　　)。

A. 个人兼职取得的所得

B. 退休人员再任职取得的所得

C. 记者在本单位杂志上发表作品取得的所得

D. 员工在本单位的奖金所得

3. 自 2023 年 1 月 1 日起，3 岁以下婴幼儿照护专项附加扣除标准是(　　)元。

A. 1000　　B. 1500

C. 2000　　D. 3000

4. 王某业余时间为客户提供一项房屋设计，客户按照合同规定向王某支付设计费 6000 元，王某取得设计费应预扣预缴个人所得税(　　)元。

A. 1200　　B. 1040

C. 960　　D. 840

5. 周某购买彩票中奖 40000 元，已知偶然所得个人所得税税率为 20%，周某应缴纳的个人所得税为(　　)元。

A. 6400　　B. 8000

C. 5600　　D. 4000

6. 以下哪项不属于个人所得税的征税对象(　　)。

A. 工资、薪金所得　　B. 经营所得

C. 财产租赁所得　　D. 企业所得税所得

7. 个人所得税的税率采用的是(　　)。

A. 固定税率　　B. 累进税率

C. 比例税率　　D. 定额税率

8. 在个人所得税中，稿酬所得的适用税率为(　　)。

A. 10%　　B. 15%

C. 20%　　D. 30%

9. 在个人所得税中，特许权使用费所得的适用税率是(　　)。

A. 10%　　B. 15%

C. 20%　　D. 30%

10. 在个人所得税中，偶然所得的适用税率为(　　)。

A. 10%　　B. 20%

C. 30%　　D. 40%

11. 在个人所得税中，财产转让所得的适用税率为(　　)。

A. 10%　　B. 20%

C. 30%　　D. 40%

12. 在个人所得税中，综合所得包括哪些？(　　)

A. 工资、薪金所得，劳务报酬所得，稿酬所得，特许权使用费所得

B. 工资、薪金所得，劳务报酬所得，稿酬所得，财产租赁所得

C. 工资、薪金所得，劳务报酬所得，稿酬所得，财产转让所得

D. 工资、薪金所得，劳务报酬所得，稿酬所得，偶然所得

13. 在个人所得税中，综合所得适用的税率表是(　　)。

A. 3%至45%的七级累进税率

B. 5%至35%的五级累进税率

C. 10%至45%的五级累进税率

D. 15%至50%的五级累进税率

14. 在个人所得税中，居民个人取得综合所得，年度综合所得收入不超过(　　)元的部分，适用的税率为3%。

A. 36000 元　　B. 60000 元

C. 50000 元　　D. 100000 元

15. 在计算个人所得税应纳税所得额时，以下哪项不属于专项扣除？(　　)

A. 失业保险　　B. 住房公积金

C. 职业培训费　　D. 基本养老保险

16. 小李 1 月工资收入为 10000 元，税前专项扣除为 2000 元，专项附加扣除为 1000 元，依法确定的其他扣除为 500 元，小李的应纳税所得额是(　　)。

A. 1500 元　　B. 6500 元

C. 7000 元　　D. 2000 元

17. 小王 1 月的工资收入为 12000 元，税前专项扣除为 2500 元，专项附加扣除为 3000 元，其他扣除为 1000 元，小王的应纳税所得额是(　　)。

A. 5500 元　　B. 500 元

C. 7500 元　　D. 1500 元

18. 小赵 1 月的工资收入为 15000 元，税前专项扣除为 3000 元，专项附加扣除为 2000 元，其他扣除为 1500 元，小赵的应纳税所得额是(　　)。

A. 8500 元　　B. 9000 元

C. 3500 元　　D. 6000 元

19. 在个人所得税中，以下哪项不属于专项附加扣除？(　　)

A. 继续教育支出

B. 赡养老人支出

C. 个人所得税税款

D. 住房贷款利息支出

20. 小刘 1 月的工资收入为 18000 元，税前专项扣除为 4000 元，专项附加扣除为 3500 元，其他扣除为 2000 元，小刘的应纳税所得额是(　　)。

A. 8500 元　　B. 9000 元

C. 9500 元　　D. 3500 元

21. 在个人所得税专项附加扣除中，子女教育专项附加扣除的扣除标准是(　　)。

A. 每个子女每月 1000 元

B. 每个子女每月 1500 元

C. 每个子女每月 2000 元

D. 每个子女每月 3000 元

22. 在个人所得税专项附加扣除中，住房贷款利息专项附加扣除的扣除标准是(　　)。

A. 每月 1000 元　　B. 每月 1500 元

C. 每月 2000 元　　D. 每月 3000 元

23. 小李 2024 年 1 月的应纳税所得额为 15000 元，适用的税率为 3%，那么小李当月应缴纳的个人所得税是(　　)元。

A. 150　　B. 450

C. 300　　D. 400

24. 小胡 2024 年 10 月取得兼职收入 3000 元，那么小胡应缴纳的个人所得税是(　　)元。

A. 90　　B. 480

C. 300　　D. 440

25. 以下哪项不属于个人所得税的税收优惠政策？(　　)

A. 残疾人所得

B. 工资、薪金所得

C. 退役士兵从事个体经营

D. 国债利息收入

26. 根据个人所得税法，个人取得下列哪项收入时，免征个人所得税？(　　)

A. 工资、薪金所得

B. 省级政府颁发的科学、教育、技术等方面的奖金

C. 劳务报酬所得

D. 稿酬所得

27. 下列哪项不属于个人所得税的税收减免范围？(　　)

A. 军人的转业费　　B. 退休金

C. 股票分红　　D. 抚恤金

28. 根据个人所得税法，以下哪项收入不属于综合所得，因此不参与综合所得的年度汇算清缴？(　　)

A. 工资、薪金所得　　B. 劳务报酬所得

C. 稿酬所得　　D. 房屋出租所得

29. 某纳税人全年一次性奖金为 36000 元，选择单独计税方式，则其应缴纳的个人所得税为(　　)元。

A. 0 元　　B. 1080 元

C. 360 元　　D. 1200 元

30. 在个人所得税专项附加扣除中，关于赡养老人的扣除标准是(　　)元。

A. 100 元　　B. 1500 元

C. 2000 元　　D. 3000 元

二、多项选择题

1. 根据个人所得税法律制度的规定，下列各项中，不属于“工资、薪金所得”项目的有(　　)。

A. 奖金　　B. 托儿补助费

C. 差旅费津贴　　D. 独生子女补贴

2. 根据个人所得税法律制度的规定，在下列各项中，属于专项附加扣除的有(　　)。

A. 购车贷款利息　　B. 子女教育支出

C. 赡养老人支出　　D. 住房公积金

3. 根据个人所得税法律制度的规定，在个人取得的下列所得中，免征个人所得税的有(　　)。

A. 退休人员再任职取得的收入

B. 按照国家统一规定发给职工的退休费

C. 省级人民政府颁发的教育方面奖金

D. 按国务院规定发给的政府特殊津贴

4. 根据个人所得税法律制度的规定，在个人取得的下列收入中，应按照“劳务报酬所得”计提个人所得税的有(　　)。

A. 某职工取得的本单位优秀员工奖金

B. 某中学教师从任职学校领取的工资

C. 某专家从非任职企业取得的讲座收入

D. 某设计师从非任职企业取得的设计收入

5. 根据个人所得税法律制度的规定，关于居民个人每次收入确定的下列表述中，正确的有(　　)。

A. 劳务报酬所得，属于一次性收入的，以取得该项收入为一次

B. 偶然所得，以每次取得该项收入为一次

C. 利息、股息、红利所得，以支付利息、股息、红利时取得的收入为一次

D. 财产租赁所得，以一个纳税年度取得的收入为一次

6. 个人所得税的征税对象包括以下哪些收入？(　　)

A. 工资、薪金

B. 劳务报酬

C. 稿酬

D. 特许权使用费

7. 在下列关于个人所得税税率的说法中，不正确的有(　　)。

A. 工资、薪金所得适用超额累进税率

B. 劳务报酬所得适用比例税率

C. 稿酬所得适用10%的税率

D. 特许权使用费所得适用3%至45%的超额累进税率

8. 下列哪些不是个人所得税专项附加扣除的内容？(　　)

A. 基本养老保险　　B. 基本医疗保险

C. 子女教育支出　　D. 住房公积金

9. 在个人所得税中，哪些收入可以享受免征个人所得税的优惠？(　　)

A. 离退休人员的离退休金

B. 军人的转业费

C. 个人获得的国家统一发放的津贴

D. 劳务报酬所得

10. 个人所得税专项附加扣除包括以下哪些项目？(　　)

A. 子女教育支出

B. 继续教育支出

C. 大病医疗支出

D. 住房贷款利息支出

11. 下列哪些收入属于个人所得税的分类所得？(　　)

A. 工资、薪金所得

B. 劳务报酬所得

C. 利息、股息、红利所得

D. 财产租赁所得

12. 在下列各项中，属于个人所得税居民个人的有(　　)。

A. 在中国境内有住所的个人

B. 在中国境内无住所而一个纳税年度内在中国境内居住累计满 183 天的个人

C. 在中国境内无住所又不居住的个人

D. 在中国境内无住所而一个纳税年度内在中国境内居住累计不满 183 天的个人

13. 在下列各项中，应按照“劳务报酬所得”项目征收个人所得税的有(　　)。

A. 个人兼职取得的收入

B. 演员参加综艺活动取得的收入

C. 个人从事彩票代销业务取得的收入

D. 在校学生因参与勤工俭学活动而取得的收入

14. 在下列各项中，应按照“稿酬所得”项目征收个人所得税的有(　　)。

A. 出版社的专业作者撰写、编写或翻译的作品，由本社以图书形式出版而取得的稿费收入

B. 报社记者在本单位报纸上发表作品取得的收入

C. 任职、受雇于报纸、杂志等单位的记者、编辑等专业人员，因在本单位的报纸、杂志上发表作品取得的所得

D. 出版社的专业作者撰写、编写或翻译的作品，由本社以图书形式出版而取得的稿费收入，再由其他出版社加印而追加的稿费收入

15. 个人所得税的纳税办法有(　　)。

A. 自行申报纳税　　　　B. 代扣代缴

C. 代收代缴　　　　D. 委托代征

16. 在下列情形中，纳税人应当自行申报缴纳个人所得税的有(　　)。

A. 年所得 12 万元以上的

B. 从中国境内两处或者两处以上取得工资、薪金所得的

C. 从中国境外取得所得的

D. 取得应税所得，没有扣缴义务人的

17. 在个人所得税纳税申报中，以下哪些情况可以享受税收优惠？(　　)

A. 残疾人取得的所得

B. 军人的转业费、复员费

C. 按照国家统一规定发放的补贴、津贴

D. 国债和国家发行的金融债券利息

18. 在个人所得税纳税申报中，以下哪些所得可以合并申报？(　　)

A. 工资、薪金所得和劳务报酬所得

B. 稿酬所得和特许权使用费所得

C. 经营所得和财产租赁所得

D. 利息、股息、红利所得和偶然所得

19. 以下哪些情况可以享受个人所得税专项附加扣除？(　　)

A. 住房贷款利息支出

B. 住房租金支出

C. 赡养老人支出

D. 3 岁以下婴幼儿照护

20. 个人获得的下列哪些奖金征个人所得税？(　　)

A. 省级人民政府、国务院部委和中国人民解放军军以上单位，以及外国组织、国际组织颁发的科学、教育、技术、文化、卫生、体育、环境保护等方面的奖金

B. 企业发放的年终奖金

C. 彩票中奖奖金

D. 单位内部评选的优秀员工奖金

21. 个人所得税的纳税人包括(　　)。

A. 中国公民

B. 个体工商户

C. 外籍个人

D. 个人独资企业投资者

22. 下列关于个人所得税税率的说法正确的有(　　)。

A. 综合所得适用 3%至 45%的超额累进税率

B. 经营所得适用 5%至 35%的超额累进税率

C. 利息、股息、红利所得，财产租赁所得，财产转让所得和偶然所得，适用比例税

率，税率为 20%

D. 工资、薪金所得适用 20%的比例税率

23. 在计算个人所得税应纳税所得额时，下列各项中可以扣除的有(　　)。

A. 基本减除费用

B. 专项扣除

C. 专项附加扣除

D. 依法确定的其他扣除

24. 在下列各项中，属于专项附加扣除的有(　　)。

A. 子女教育

B. 继续教育

C. 基本医疗保险

D. 住房贷款利息

25. 下列关于个人所得税税收优惠的说法正确的有(　　)。

A. 残疾、孤老人员和烈属的所得，可以减征个人所得税

B. 因自然灾害遭受重大损失的，可以减征个人所得税

C. 个人举报、协查各种违法、犯罪行为而获得的奖金，暂免征收个人所得税

D. 个人办理代扣代缴税款手续，按规定取得的扣缴手续费，暂免征收个人所得税

26. 在下列各项中，属于综合所得的有(　　)。

A. 工资、薪金所得

B. 劳务报酬所得

C. 稿酬所得

D. 偶然所得

27. 在下列各项中，不属于综合所得的有(　　)。

A. 财产转让所得

B. 劳务报酬所得

C. 稿酬所得

D. 偶然所得

28. 下列关于财产租赁所得个人所得税计算的说法正确的有(　　)。

A. 每次收入不超过 4000 元的，减除费用 800 元

B. 每次收入 4000 元以上的，减除 20%的费用

C. 个人出租住房取得的所得减按 10%的税率征收个人所得税

D. 个人出租非住房取得的所得适用 20%的税率

29. 在下列各项中，属于财产转让所得的有(　　)。

A. 转让有价证券

B. 转让土地使用权

C. 转让机器设备

D. 转让股权

30. 在下列各项中，属于偶然所得的有(　　)。

A. 顾客中奖所得

B. 礼品所得

C. 担保收入

D. 夫妻间受赠房屋取得的收入

31. 个人所得税应纳税所得额的确定，一般需要考虑哪些因素？(　　)

A. 收入总额　　B. 扣除项目

C. 税收优惠政策　　D. 税率

32. 下列选项中，属于个人所得税专项附加扣除项目的有(　　)。

A. 赡养老人

B. 住房贷款利息

C. 3 岁以下婴幼儿照护

D. 职业资格继续教育

33. 在下列各项中，属于财产转让所得的有(　　)。

A. 转让有价证券

B. 转让土地使用权

C. 转让机器设备

D. 转让股权

34. 在工资、薪金所得中，下列哪些收入不征税？(　　)

A. 独生子女补贴　　B. 年终加薪

C. 托儿补助费　　D. 差旅费津贴

35. 工资、薪金所得其他扣除包括(　　)。

A. 企业年金　　B. 商业健康保险

C. 个人养老金　　D. 公益性捐赠扣除

36. 在下列关于子女教育专项附加扣除中，说法正确的有(　　)。

A. 学前教育阶段为子女年满 3 周岁当月至小学入学前一月

B. 学前教育阶段为子女年满 3 周岁当月至小学入学当月

C. 每个子女每月 2000 元扣除标准

D. 每个子女每月 1000 元扣除标准

37. 下列关于住房租金专项附加扣除的说法，正确的有(　　)。

A. 夫妻双方主要工作城市相同的，可以两方分摊扣除住房租金

B. 夫妻双方主要工作城市相同的，只能由一方扣除住房租金

C. 市辖区户籍人口大于 100 万，住房租金每月扣除标准为 1100 元

D. 市辖区户籍人口大于 100 万，住房租金每月扣除标准为 1500 元

38. 关于非独生子女赡养老人的分摊方式有(　　)。

A. 平均分摊　　B. 约定分摊

C. 指定分摊　　D. 一人分摊

39. 特许权使用费所得，包括(　　)。

A. 专利权　　B. 商标权

C. 著作权　　D. 非专利技术

40. 在下列说法中，不正确的有(　　)。

A. 股票转让所得征收个人所得税

B. 个人所得税以所得人为纳税人，以支付所得的单位或者个人为扣缴义务人

C. 拍卖文字作品手稿原件或复印件，属于稿酬所得

D. 分类所得包括财产租赁所得、财产转让所得、劳务报酬所得、偶然所得

三、判断题(正确的打“√”，错误的打“×”)

1. 个人取得的住房租金收入，应按“财产转让所得”征收个人所得税。(　　)

2. 钱某参加商场举办的抽奖活动，取得 3000 元奖金，应按劳务报酬所得缴纳个人所得税。(　　)

3. 国债利息免征个人所得税。(　　)

4. 专项扣除包括基本养老保险、基本医疗保险、失业保险、住房贷款利息等。(　　)

5. 个人所得税以所得人为纳税人，以支付所得的单位或者个人为扣缴义务人。(　　)

6. 个人转让自用 5 年以上并且是唯一家庭住房的，其转让所得需要缴纳个人所得税。(　　)

7. 居民个人从中国境内和境外取得的所得，均需要缴纳个人所得税。(　　)

8. 非居民个人从中国境内取得的所得，不需要缴纳个人所得税。(　　)

9. 居民个人是指在中国境内有居所的纳税人。（　　）

10. 股息所得缴纳个人所得税的应纳税所得额为每次收入额减去20%的费用。（　　）

11. 从两处或两处以上取得工资、薪金所得的个人，需选择并固定在其中一处向税务机关自行申报纳税。（　　）

12. 个人所得税的纳税年度，自公历一月一日起至十二月三十一日止。（　　）

13. 居民个人从中国境外取得所得的，应当在取得所得的次年三月一日至六月三十日内申报纳税。（　　）

14. 个人所得税的税率全部采用超额累进税率。（　　）

15. 个人出租住房取得的所得，减按10%的税率征收个人所得税。（　　）

16. 个人所得税专项附加扣除包括子女教育、继续教育、大病医疗、住房贷款利息、住房租金和赡养老人六项。（　　）

17. 特许权使用费所得的税率是30%。（　　）

18. 财产租赁所得的税率是20%。（　　）

19. 个人取得的利息、股息、红利所得适用的税率是10%。（　　）

20. 个人取得的偶然所得适用的税率是40%。（　　）

21. 个人所得税专项扣除包括基本养老保险、基本医疗保险、失业保险、商业健康保险等。（　　）

22. 在境内接受学历(学位)继续教育的扣除期限最长不得超过48个月。（　　）

23. 职业资格继续教育、专业技术人员职业资格继续教育支出，在取得当年，按3000元定额扣除。（　　）

24. 非独生子女赡养老人，兄弟姐妹分摊每人每月最多1500元。（　　）

25. 属于同一事项连续取得收入的劳务报酬所得，以1个月内取得的收入为一次。（　　）

26. 个人因其作品以图书、报刊形式出版、发表而取得的所得属于劳务报酬所得。（　　）

27. 剧本作者从电影、电视剧的制作单位取得的剧本使用费，属于特许权使用费所得。（　　）

28. 个人从任职的上市公司取得的股票期权，属于利息、股息、红利所得。（　　）

29. 个人转让自用3年以上并且是家庭唯一生活住房的，免征个人所得税。（　　）

30. 取得的保险赔款需要缴纳个人所得税。（　　）

四、计算题

1. 中国公民李某为某大学的教授，2024年每月工资收入为12000元，专项扣除为

2000 元，专项附加扣除包括子女教育 1000 元、赡养老人 1500 元。计算李某 2024 年 1 月份应预扣预缴的个人所得税。

2. 王某 2024 年取得劳务报酬所得 30000 元，稿酬所得 20000 元，特许权使用费所得 10000 元。计算王某综合所得应纳税额。(假设无其他扣除项目)

3. 张某 2024 年转让一处房产，取得转让收入 500 万元，该房产购进价格为 300 万元，转让过程中缴纳相关税费 20 万元。计算张某转让房产应缴纳的个人所得税。

答案及解析

一、单项选择题

1. D

解析：居民个人是指在中国境内有住所，或者无住所而一个纳税年度内在中国境内居住累计满 183 天的个人。

2. A

解析：个人兼职取得的所得，按“劳务报酬所得”缴纳个人所得税。

3. C

解析：自 2023 年 1 月 1 日起，3 岁以下婴幼儿照护的专项附加扣除标准，由每个子女每月 1000 元提高到 2000 元。

4. C

解析：劳务报酬所得，预扣预缴个人所得税＝6000×(1−20%)×20%＝960(元)。

5. B

解析：偶然所得以每次取得的收入额为应纳税所得额，不得从收入中扣除任何费用。

其个人所得税税额的计算公式为：

应纳税额＝应纳税所得额×适用税率＝40000×20%＝8000(元)。

6. D

解析：个人所得税是对个人取得的各项所得征收的税，包括工资、薪金所得，经营所得，财产租赁所得等，而企业所得税是对企业所得征收的税。

7. B

解析：个人所得税采用累进税率，根据不同的所得额区间设定不同的税率。

8. C

解析：稿酬所得的适用税率为 20%。

9. C

解析：特许权使用费所得的适用税率为 20%。

10. B

解析：偶然所得的适用税率为 20%。

11. B

解析：财产转让所得的适用税率为 20%。

12. A

解析：综合所得包括工资、薪金所得，劳务报酬所得，稿酬所得和特许权使用费所得。

13. A

解析：综合所得适用的税率表是3%至45%的七级累进税率。

14. A

解析：居民个人取得综合所得，年度综合所得收入不超过36000元的部分，适用的税率为3%。

15. C

解析：专项扣除包括社会保险费和住房公积金，不包括职业培训费。

16. A

解析：小李的应纳税所得额＝10000－5000－2000－1000－500＝1500(元)。

17. B

解析：小王的应纳税所得额＝12000－5000－2500－3000－1000＝500(元)。

18. C

解析：小赵的应纳税所得额＝15000－5000－3000－2000－1500＝3500(元)。

19. C

解析：专项附加扣除包括继续教育支出、赡养老人支出、住房贷款利息支出等，个人所得税税款不属于专项附加扣除。

20. D

解析：小刘的应纳税所得额＝18000－5000－4000－3500－2000＝3500(元)。

21. C

解析：根据个人所得税法规定，子女教育专项附加扣除的扣除标准为每个子女每月2000元。

22. A

解析：住房贷款利息专项附加扣除的扣除标准为每月1000元。

23. B

解析：个人所得税＝15000×3%＝450(元)。

24. D

解析：个人所得税＝(3000－800)×20%＝440(元)。

25. B

解析：ACD属于个人所得税减免税优惠政策。

26. B

解析：根据个人所得税法规定，省级政府颁发的科学、教育、技术等方面的奖金属于免税项目。

27. C

解析：股票分红属于应税所得，不属于税收减免范围。

28. D

解析：房屋出租所得属于财产租赁所得，不属于综合所得。

29. B

解析：应纳税额 = 36000×3% = 1080 元。

30. D

解析：赡养老人的专项附加扣除标准是3000 元。

二、多项选择题

1. BCD

解析：BCD 不计入工资、薪金所得，不征收个人所得税。

2. BC

解析：专项附加扣除包括子女教育、继续教育、大病医疗、住房贷款利息、住房租金、赡养老人以及 3 岁以下婴幼儿照护。

3. BCD

解析：选项 A 需要缴纳个人所得税。

4. CD

解析：选项 AB 属于工资、薪金所得。

5. ABC

解析：选项 D，财产租赁所得，以一个月内取得的收入为一次。

6. ABCD

7. BCD

解析：选项 B，劳务报酬所得适用超额累进税率，稿酬所得适用 20%的税率，特许权使用费所得适用 20%的税率。

8. ABD

解析：选项 ABD 属于专项扣除。

9. ABC

解析：选项 D 劳务报酬所得不享受个人所得税免税优惠。

10. ABCD

11. CD

解析：选项 AB 属于个人所得税的综合所得。

12. AB

解析：居民个人是指在中国境内有住所，或者无住所而一个纳税年度内在中国境内居住累计满 183 天的个人。

13. ABD

解析：C 项个人从事彩票代销业务取得的收入按照“经营所得”项目征收个人所得税。

14. AD

解析：选项 B、C 属于工资、薪金所得。

15. AB

解析：个人所得税的纳税办法有自行申报纳税和代扣代缴。

16. ABCD

17. ABCD

18. AB

解析：工资、薪金所得，劳务报酬所得，稿酬所得和特许权使用费所得属于综合所得，可以合并申报。

19. ABCD

20. BCD

解析：选项 A，免征个人所得税。

21. ABCD

22. ABC

解析：选项 D 工资、薪金所得适用 3%至 45%的超额累进税率。

23. ABCD

24. ABD

解析：选项 C 属于专项扣除。

25. ABCD

26. ABC

解析：综合所得包括工资、薪金所得，劳务报酬所得，稿酬所得，特许权使用费所得。

27. AD

解析：综合所得包括工资、薪金所得，劳务报酬所得，稿酬所得，特许权使用费所得。

28. ABCD

29. ABCD

30. ABC

解析：选项 D，夫妻间房屋受赠不在征税范围。

31. ABCD

32. ABCD

解析：选项 A，赡养老人专项附加扣除是考虑到纳税人赡养老人的支出给予的税收优惠，被赡养人需年满 60 岁，减轻养老负担。

选项 B，住房贷款利息扣除针对首套住房贷款利息，为购房人减轻压力。

选项 C，3 岁以下婴幼儿照护扣除是为减轻育儿家庭负担设立的。

选项 D，职业资格继续教育扣除用于鼓励个人提升职业技能，在取得证书当年定额扣除。

33. ABCD

34. ACD

解析：选项 B 属于应税收入。

35. ABCD

36. AC

解析：学前教育阶段为子女年满 3 周岁当月至小学入学前一月，每个子女每月 2000 元扣除标准。

37. BC

解析：夫妻双方主要工作城市相同的，只能由一方扣除住房租金，市辖区户籍人口大于 100 万，住房租金每月扣除标准为 1100 元。

38. ABC

解析：非独生子女赡养老人的分摊方式有平均分摊、约定分摊、指定分摊。

39. ABCD

40. ACD

解析：选项 A，股票转让所得暂不征个人所得税，选项 C，拍卖文字作品手稿原件或复印件，属于特许权使用费所得，选项 D，劳务报酬所得属于综合所得。

三、判断题

1. √

2. ×

解析：按照“偶然所得”缴纳个人所得税。

3. √

4. ×

解析：住房贷款利息属于专项附加扣除。

5. √

6. ×

解析：根据个人所得税法规定，个人转让自用5年以上并且是唯一家庭住房的，其转让所得免征个人所得税。

7. √

8. ×

解析：非居民个人从中国境内取得的所得，依法缴纳个人所得税。

9. ×

解析：居民个人是指在中国境内有住所，或无住所而在中国境内居住累计满183天的个人。

10. ×

解析：股息所得以收入额为应纳税所得额。

11. √

12. √

13. √

14. ×

解析：个人所得税的税率包括超额累进税率和比例税率两种形式。例如，工资、薪金所得采用超额累进税率，而利息、股息、红利所得则采用比例税率。

15. √

16. ×

解析：个人所得税专项附加扣除包括子女教育、继续教育、大病医疗、住房贷款利息、住房租金和赡养老人、3岁以下婴幼儿照护七项。

17. ×

解析：特许权使用费所得适用20%的税率。

18. √

19. ×

解析：个人取得的利息、股息、红利所得适用20%的税率。

20. ×

解析：个人取得的偶然所得适用的税率是20%。

21. ×

解析：商业健康保险属于其他扣除。

22. √

23. ×

解析：职业资格继续教育、专业技术人员职业资格继续教育支出，在取得当年，按3600元定额扣除。

24. √

25. √

26. ×

解析：个人因其作品以图书、报刊形式出版、发表而取得的所得属于稿酬所得。

27. √

28. ×

解析：属于工资、薪金所得。

29. ×

解析：按照规定，个人转让自用5年以上并且是家庭唯一生活用房，才免征个人所得税。时间条件必须是5年以上，本题中是3年以上，不符合免征个人所得税的条件。

30. ×

四、计算题

1. **解析：**保险赔款属于免税所得，无须缴纳个人所得税。

(1)首先计算李某1月份累计预扣预缴应纳税所得额：

累计预扣预缴应纳税所得额=累计收入−累计免税收入−累计减除费用−累计专项扣除−累计专项附加扣除

1月份累计收入为12000元，累计减除费用按照每月5000元计算，累计专项扣除为2000元，累计专项附加扣除为(1000+1500)元。

则1月份累计预扣预缴应纳税所得额=12000−5000−2000−(1000+1500)=2500(元)

(2)根据预扣率表，预扣率为3%，速算扣除数为0。

(3)计算1月份应预扣预缴个人所得税：

应预扣预缴税额=累计预扣预缴应纳税所得额×预扣率−速算扣除数

=2500×3%−0=75(元)。

2. **解析：**

(1) 计算综合所得应纳税所得额：

劳务报酬所得、稿酬所得、特许权使用费所得以收入减除20%的费用后的余额为收入额。稿酬所得的收入额减按70%计算。

劳务报酬所得收入额＝30000×(1−20%)＝24000(元)

稿酬所得收入额＝20000×(1−20%)×70%＝11200(元)

特许权使用费所得收入额＝10000×(1−20%)＝8000(元)

综合所得应纳税所得额＝劳务报酬所得收入额+稿酬所得收入额+特许权使用费所得收入额

＝24000+11200+8000＝43200(元)

(2)根据综合所得税率表，查找适用税率和速算扣除数，适用税率为10%，速算扣除数为2520。

(3)计算综合所得应纳税额：

应纳税额＝综合所得应纳税所得额×适用税率−速算扣除数

＝43200×10%−2520＝1800(元)。

3. **解析**：

(1) 计算转让房产的应纳税所得额：

应纳税所得额＝转让财产的收入额−财产原值−合理费用

＝500−300−20＝180(万元)。

(2) 财产转让所得适用比例税率，税率为20%。

(3) 计算转让房产应缴纳的个人所得税：

应纳税额＝应纳税所得额×税率

＝180×20%＝36(万元)。

第六章　其他税种概述

内容回顾

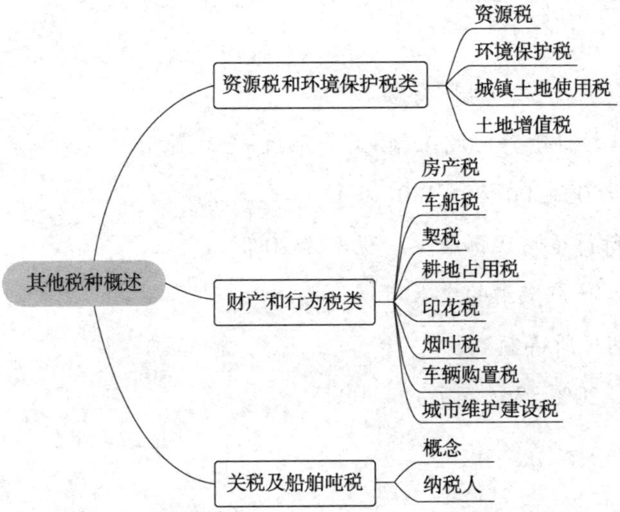

一、单项选择题

1. 资源税的纳税人是指在我国境内(　　)的单位和个人。

A. 开采应税矿产品

B. 生产盐

C. 开采应税矿产品及生产盐

D. 开采应税矿产品或生产盐

2. 环境保护税的征税对象是(　　)。

A. 企业事业单位

B. 直接向环境排放应税污染物的生产经营者

C. 税务机关

D. 环境保护部门

3. 城镇土地使用税的征税对象是(　　)。

A. 国有土地或集体土地

B. 拥有土地使用权的单位和个人

C. 土地面积

D. 土地价值

4. 土地增值税的征税对象是(　　)。

A. 有偿转让国有土地使用权及地上建筑物和其他附着物产权

B. 免费转让国有土地使用权及地上建筑物和其他附着物产权

C. 无偿转让国有土地使用权及地上建筑物和其他附着物产权

D. 转让国有土地使用权

5. 房产税的征税对象是(　　)。

A. 房屋

B. 房屋计税余值或租金收入

C. 土地

D. 房屋面积

6. 车船税的征税对象是(　　)。

A. 车船

B. 车船所有人或管理人

C. 车船使用人

D. 车船管理机构

7. 契税的征税对象是(　　)。

A. 权属发生转移的不动产

B. 权属发生转移的动产

C. 权属发生转移的财产

D. 权属未发生转移的财产

8. 耕地占用税的征税对象是(　　)。

A. 占用耕地建设建筑物、构筑物或从事非农业建设的单位和个人

B. 占用非耕地建设建筑物、构筑物或从事非农业建设的单位和个人

C. 占用耕地建设农田水利设施

D. 占用非耕地建设农田水利设施

9. 印花税的征税对象是(　　)。

A. 书立、领受、使用的应税经济凭证

B. 不书立、不领受、不使用应税经济凭证

C. 不书立、不领受，但使用应税经济凭证

D. 书立、领受，但不使用应税经济凭证

10. 烟叶税的征税对象是(　　)。

A. 收购烟叶的单位

B. 种植烟叶的单位和个人

C. 生产烟叶的单位和个人

D. 销售烟叶的单位和个人

11. 车辆购置税的征税对象是(　　)。

A. 购置汽车、有轨电车、汽车挂车、排气量超过 150 毫升的摩托车的单位和个人

B. 购置地铁、轻轨等城市轨道交通车辆的单位和个人

C. 购置装载机、平地机、挖掘机、推土机等轮式专用机械车的单位和个人

D. 购置起重机(吊车)、叉车、电动摩托车的单位和个人

12. 城市维护建设税的计税依据是(　　)。

A. 纳税人实际缴纳的增值税、消费税税额

B. 纳税人实际缴纳的增值税、消费税税额加上滞纳金和罚金

C. 纳税人实际缴纳的增值税、消费税税额减去滞纳金和罚金

D. 纳税人实际缴纳的增值税、消费税税额乘以滞纳金和罚金

13. 进口货物纳税人是(　　)。

A. 货物所有人　　B. 发货人

C. 收货人　　D. 税务机关

14. 出口货物纳税人是(　　)。

A. 货物所有人　　B. 发货人

C. 收货人　　D. 税务机关

15. 船舶吨税的纳税人是(　　)。

A. 应税船舶负责人

B. 应税船舶所有者

C. 应税船舶使用人

D. 应税船舶管理机构

16. 城镇土地使用税的税率采用(　　)。

A. 比例税率　　B. 固定税率

C. 幅度税率　　D. 累进税率

17. 土地增值税的税率采用(　　)。

A. 比例税率　　B. 固定税率

C. 幅度税率　　D. 累进税率

18. 房产税的税率采用(　　)。

A. 比例税率　　B. 固定税率

C. 幅度税率　　D. 累进税率

19. 车船税的税率采用(　　)。

A. 比例税率　　B. 固定税率

C. 幅度定额税率　　D. 累进税率

20. 契税的税率采用(　　)。

A. 比例税率　　B. 固定税率

C. 幅度定额税率　　D. 累进税率

21. 耕地占用税的税率采用(　　)。

A. 比例税率　　B. 固定税率

C. 幅度税率　　D. 累进税率

22. 印花税的税率采用(　　)。

A. 比例税率和定额税率　　B. 固定税率

C. 幅度税率　　D. 累进税率

23. 烟叶税的税率采用(　　)。

A. 比例税率　　B. 固定税率

C. 幅度税率　　D. 累进税率

24. 车辆购置税的税率采用(　　)。

A. 比例税率　　B. 固定税率

C. 幅度税率　　D. 累进税率

25. 城市维护建设税的税率采用(　　)。

A. 比例税率　　B. 固定税率

C. 幅度税率　　D. 累进税率

26. 关税的税率采用(　　)。

A. 比例税率　　B. 固定税率

C. 幅度税率　　D. 累进税率

27. 船舶吨税的税率采用(　　)。

A. 定额税率　　B. 固定税率

C. 幅度税率　　D. 累进税率

28. 资源税的计税依据是(　　)。

A. 应税产品的销售额或销售数量

B. 应税产品的原值或成本

C. 应税产品的利润

D. 应税产品的价格

29. 环境保护税的计税依据是(　　)。

A. 应税污染物的排放量

B. 应税污染物的当量数

C. 应税污染物的浓度

D. 应税污染物的种类

30. 耕地占用税的计税依据是(　　)。

A. 占用耕地的面积

B. 占用耕地的成本

C. 占用耕地的价值

D. 占用耕地的用途

二、多项选择题

1. 资源税类包括哪些税种？(　　)

A. 资源税　　B. 环境保护税

C. 城镇土地使用税　　D. 土地增值税

2. 资源税的纳税人包括哪些？(　　)

A. 中外合作开采陆上石油资源的企业

B. 中外合作开采海上石油资源的企业

C. 单位

D. 个人

3. 环境保护税的纳税人包括哪些？(　　)

A. 企业　　B. 事业单位

C. 生产经营者　　D. 政府机关

4. 城镇土地使用税的纳税人包括哪些？（　　）

A. 政府机关

B. 军队

C. 拥有土地使用权的单位和个人

D. 土地实际使用人和代管人

5. 土地增值税的纳税人包括哪些？（　　）

A. 政府机关

B. 军队

C. 转让国有土地使用权并取得收入的单位和个人

D. 转让地上建筑物产权并取得收入的单位和个人

6. 资源税的征税范围包括哪些矿产？（　　）

A. 能源矿产　　B. 金属矿产

C. 非金属矿产　　D. 水气矿产

7. 资源税的税率有哪些表现形式？（　　）

A. 固定比例税率　　B. 从价幅度税率

C. 从量幅度税额　　D. 累进税率

8. 环境保护税的征税范围包括哪些污染物？（　　）

A. 大气污染物　　B. 水污染物

C. 固体废物　　D. 噪声

9. 城镇土地使用税的免税项目有哪些？（　　）

A. 国家机关、人民团体、军队自用的土地

B. 宗教寺庙、公园、名胜古迹自用的土地

C. 直接用于农、林、牧、渔业的生产用地

D. 个人所有的居住房屋及院落用地

10. 土地增值税的免税项目有哪些？（　　）

A. 建造普通标准住宅出售，增值额未超过扣除项目金额 20% 的

B. 因国家建设需要依法征用、收回的房地产

C. 因城市规划、国家建设需要而搬迁由纳税人自行转让原房地产

D. 对企事业单位、社会团体以及其他组织转让旧房作为公共租赁住房房源

11. 房产税的纳税人包括哪些？（　　）

A. 产权所有人　　B. 经营管理单位

C. 承典人　　D. 房产代管人

12. 房产税的计税依据有哪些？(　　)

A. 房产原值　　B. 房产余值

C. 房产租金收入　　D. 房产评估价值

13. 车船税的纳税人包括哪些？(　　)

A. 车船所有人　　B. 车船管理人

C. 车船使用人　　D. 车船服务机构

14. 契税的计税依据有哪些？(　　)

A. 成交价格　　B. 核定价格

C. 互换价格差额　　D. 补缴的土地出让价款

15. 耕地占用税的税收优惠有哪些？(　　)

A. 军事设施、学校、幼儿园、社会福利机构、医疗机构占用耕地

B. 农村居民在规定用地标准以内占用耕地新建自用住宅

C. 农村烈士遗属、因公牺牲军人遗属、残疾军人以及符合农村最低生活保障条件的农村居民

D. 铁路线路、公路线路、飞机场跑道、停机坪、港口、航道、水利工程占用耕地

16. 印花税的征税范围包括哪些凭证？(　　)

A. 合同　　B. 产权转移书据

C. 营业账簿　　D. 证券交易

17. 印花税的税收优惠有哪些？(　　)

A. 应税凭证的副本或者抄本

B. 农民、家庭农场、农民专业合作社、农村集体经济组织、村民委员会购买农业生产资料或者销售农产品书立的买卖合同和农业保险合同

C. 无息或者贴息借款合同、国际金融组织向中国提供优惠贷款书立的借款合同

D. 财产所有权人将财产赠与政府、学校、社会福利机构、慈善组织书立的产权转移书据

18. 车船税的税收优惠有哪些？(　　)

A. 法定免税：捕捞、养殖渔船；军队、武装警察部队专用的车船、警用车船等

B. 国务院决定减免税：节约能源、使用新能源的车船

C. 省级人民政府决定减免税：受严重自然灾害影响纳税困难以及有其他确需减免税的车船

D. 县级人民政府决定减免税：受严重自然灾害影响纳税困难以及有其他确需减免税的车船

19. 资源税的减免税情形有哪些？(　　)

A. 开采原油以及油田范围内运输原油过程中用于加热的原油、天然气

B. 煤炭开采企业因安全生产需要抽采的煤成(层)气

C. 从低丰度油气田开采的原油、天然气

D. 高含量天然气、三次采油和从深水油气田开采的原油、天然气

20. 环境保护税的免税情形有哪些？(　　)

A. 农业生产(不包括规模化养殖)排放应税污染物的

B. 机动车、铁路机车、非道路移动机械、船舶和航空器等流动污染源排放应税污染物的

C. 依法设立的城乡污水集中处理、生活垃圾集中处理场所排放相应应税污染物，不超过国家和地方规定的排放标准的

D. 纳税人综合利用的固体废物，符合国家和地方环境保护标准的

21. 城镇土地使用税的减税情形有哪些？(　　)

A. 个人所有的居住房屋及院落用地

B. 房产管理部门在房租调整改革前经租的居民住房用地

C. 免税单位职工家属的宿舍用地

D. 集体和个人办的各类学校、医院、托儿所、幼儿园用地

22. 以下属于土地增值税减税或免税情形的有(　　)。

A. 个人之间互换自有居住用房地产的，经当地税务机关核实，可以免征土地增值税

B. 合作建房，建成后按比例分房自用的，暂免征收土地增值税

C. 对个人销售住房暂免征收土地增值税

D. 以房地产进行投资、联营，投资、联营的一方以土地(房地产)作价入股进行投资或作为联营条件，将房地产转让到所投资、联营的企业中时，暂免征收土地增值税(但投资、联营企业从事房地产开发的，或者房地产开发企业以其建造的商品房进行投资和联营的除外)

23. 房产税的税收优惠有哪些？(　　)

A. 非经营自用房产

B. 军教医疗相关房产

C. 停用房、临时房、公租房

D. 持有抵债不动产

24. 以下属于车船税税收优惠形式的有(　　)。

A. 捕捞、养殖渔船免征车船税

B. 对符合标准的纯电动商用车免征车船税

C. 省级人民政府根据当地实际情况，对公共交通车船定期减征或者免征车船税

D. 军队、武装警察部队专用的车船免征车船税

25. 契税的税收优惠有哪些？(   )

A. 特定主体、特定用途类

B. 住房类

C. 改制重组征免政策

D. 省级人民政府决定减免

26. 下列属于耕地占用税税收优惠中的免税情形的有(   )。

A. 学校、幼儿园、社会福利机构、医疗机构占用耕地

B. 农村居民经批准搬迁，新建自用住宅占用耕地不超过原宅基地面积的部分

C. 农村烈士遗属、因公牺牲军人遗属、残疾军人以及符合农村最低生活保障条件的农村居民，在规定用地标准以内新建自用住宅

D. 军事设施占用耕地

27. 以下属于印花税其他减免税优惠的有(   )。

A. 对个人销售或购买住房暂免征收印花税

B. 对农牧业保险合同免征印花税

C. 对财产所有权人将财产赠给政府、社会福利单位、学校所立的书据免征印花税

D. 对已缴纳印花税凭证的副本或者抄本免税

28. 下列选项中，可能对烟叶税税收产生影响的因素有(   )。

A. 国家对烟草行业的政策调整导致税率降低

B. 为方便纳税人缴纳税款，对征收管理环节的期限进行放宽调整

C. 因行政区划变更，纳税人所属区域发生改变，影响征收范围界定

D. 根据农业产业规划，对烟叶种植区域(征税范围)重新划分

29. 车辆购置税的税收优惠有哪些？(   )

A. 法定减免税规定　　B. 其他减免税规定

C. 税率调整　　D. 征收管理调整

30. 以下属于城市维护建设税税收优惠的有(   )。

A. 对实行增值税期末留抵退税的纳税人，允许其从城市维护建设税的计税依据中扣除退还的增值税税额

B. 对于海关代征进口产品增值税、消费税的，不征收城市维护建设税

C. 对出口产品退还增值税、消费税的，不退还已缴纳的城市维护建设税

D. 对国家重大水利工程建设基金免征城市维护建设税

31. 关税的税收优惠有哪些？(　　)

A. 法定减免税　　B. 暂时免税

C. 特定减免税　　D. 临时减免税

32. 船舶吨税的税收优惠有哪些？(　　)

A. 直接优惠　　B. 延期优惠

C. 税率调整　　D. 征收管理调整

33. 资源税的计税依据确定有哪些方法？(　　)

A. 从价定率销售额的确定

B. 几种外购应税产品准予从销售额(数量)中扣减的情形

C. 从量定额方式计税

D. 按税目税率表执行

34. 环境保护税的计税依据确定有哪些方法？(　　)

A. 应税大气污染物按照污染物排放量折合的污染当量数确定

B. 应税水污染物按照污染物排放量折合的污染当量数确定

C. 应税固体废物按照固体废物的排放量确定

D. 应税噪声按照超过国家规定标准的分贝数确定

35. 城镇土地使用税的计税依据确定没有哪些方法？(　　)

A. 实际占用应税土地面积

B. 适用税额

C. 税率表

D. 纳税人自行申报

36. 土地增值税的计税依据确定有哪些方法？(　　)

A. 转让房地产取得的应税收入

B. 扣除项目金额

C. 评估价格法

D. 纳税人自行申报

37. 以下可以作为房产税计税依据的有(　　)。

A. 房产的计税余值(按房产原值一次减除 10%～30%后的余值)

B. 房产的租金收入(房产出租的情况)

C. 房产的原始入账价值(未考虑折旧等情况)

D. 房产的市场公允价值(经评估确定)

38. 车船税的计税依据确定有哪些方法？(　　)

A. 车船数量　　　　B. 车船吨位

C. 车船马力　　　　D. 车船价值

39. 以下属于契税计税依据确定方法的有(　　)。

A. 土地使用权出让、出售，房屋买卖，以成交价格为计税依据

B. 土地使用权赠与、房屋赠与以及其他没有成交价格的转移土地、房屋权属行为，由税务机关参照土地使用权出售、房屋买卖的市场价格核定的价格作为计税依据

C. 土地使用权互换、房屋互换，为所互换的土地使用权、房屋价格的差额

D. 以划拨方式取得土地使用权，经批准转让房地产时，由房地产转让者补缴的土地出让价款为计税依据

40. 耕地占用税的计税依据确定没有哪些方法？(　　)

A. 占用耕地的面积

B. 占用耕地的成本

C. 占用耕地的价值

D. 占用耕地的用途

三、判断题(正确的打“√”，错误的打“×”)

1. 资源税的征税对象是所有具有商品属性的自然资源。(　　)

2. 资源税的征收可以促进资源的合理利用和节约。(　　)

3. 环境保护税的征收可以激励企业减少污染物排放，推动绿色生产和可持续发展。(　　)

4. 城镇土地使用税的征收可以调节土地资源的使用，促进土地资源的合理配置和高效利用。(　　)

5. 土地增值税的征收可以抑制房地产市场的投机行为，促进房地产市场的健康发展。(　　)

6. 房产税的纳税人包括所有拥有房屋产权的单位和个人。(　　)

7. 车船税的纳税人包括所有拥有车船的所有人或者管理人。(　　)

8. 契税的纳税人包括所有承受土地、房屋权属的单位和个人。(　　)

9. 耕地占用税的纳税人包括所有占用耕地的单位和个人。(　　)

10. 印花税的纳税人包括所有书立、使用应税凭证的单位和个人。(　　)

11. 烟叶税的纳税人仅限于收购烟叶的“单位”。(　　)

12. 车辆购置税的纳税人包括所有在中华人民共和国境内购置应税车辆的单位和个人。(　　)

13. 城市维护建设税的纳税人包括所有缴纳增值税、消费税的单位和个人。 ( )

14. 关税的纳税人包括所有进出口货物的收货人、发货人和进出境物品的所有人。 ( )

15. 船舶吨税的纳税人包括所有自境外港口进入境内港口的船舶的负责人。 ( )

16. 资源税的计税依据为应税产品的销售额或销售数量。 ( )

17. 环境保护税的计税依据为应税污染物的排放量。 ( )

18. 城镇土地使用税的计税依据为纳税人实际占用的土地面积。 ( )

19. 土地增值税的计税依据为纳税人转让房地产所取得的增值额。 ( )

20. 房产税的计税依据为房产原值或房产租金收入。 ( )

21. 车船税的计税依据为车船的计税单位数量。 ( )

22. 契税的计税依据为土地、房屋权属转移合同确定的成交价格或核定价格。( )

23. 耕地占用税的计税依据为实际占用的耕地面积。 ( )

24. 印花税的计税依据为应税凭证所列的金额。 ( )

25. 烟叶税的计税依据为纳税人收购烟叶的价款总额。 ( )

26. 车辆购置税的计税依据为应税车辆的计税价格。 ( )

27. 城市维护建设税的计税依据为纳税人依法实际缴纳的增值税、消费税税额。 ( )

28. 关税的计税依据为进出口货物的完税价格。 ( )

29. 船舶吨税的计税依据为船舶的净吨位。 ( )

30. 所有的税种都可以实行税收优惠。 ( )

答案及解析

一、单项选择题

1. D

解析：资源税的纳税人是指在中华人民共和国领域及管辖海域开采应税矿产品或者生产盐的单位和个人。这里是“或”的关系，因为有的纳税人可能只从事开采应税矿产品业务，有的可能只从事生产盐业务。

2. B

解析：环境保护税的征税对象是直接向环境排放应税污染物的生产经营者。不是所有企业事业单位都会成为征税对象，只有那些直接排放应税污染物的才是，税务机关是征税主体，环境保护部门主要是监管部门，不是征税对象。

3. A

解析：城镇土地使用税的征税对象是在城市、县城、建制镇、工矿区范围内使用土地的单位和个人，包括国有土地和集体土地。征税对象重点是土地，不是拥有土地使用权的单位和个人，也不是单纯的土地面积或土地价值。

4. A

解析：土地增值税的征税对象是有偿转让国有土地使用权及地上建筑物和其他附着物产权所取得的增值额。注意必须是有偿转让，免费或无偿转让不符合征税条件，只转让国有土地使用权表述不完整，地上建筑物和附着物产权的转让也要考虑。

5. A

解析：房产税的征税对象是房产。计税余值或租金收入是房产税的计税依据，不是征税对象，土地不是房产税的征税对象，房屋面积也不是征税对象本身。

6. A

解析：车船税的征税对象是依法应当在车船管理部门登记的车船。车船所有人或管理人是纳税义务人，车船使用人不是征税对象，车船管理机构也不是征税对象。

7. A

解析：契税的征税对象是在中华人民共和国境内转移土地、房屋权属的不动产。动产的权属转移一般不涉及契税，权属未发生转移的财产不符合契税征税条件，强调的是不动产权属转移。

8. A

解析：耕地占用税的征税对象是占用耕地建设建筑物、构筑物或者从事非农业建设的单位和个人。占用非耕地不是征税范围，建设农田水利设施如果在耕地范围内且符合规定用途可能不征税，重点是占用耕地用于非农业建设。

9. A

解析：印花税的征税对象是在中华人民共和国境内书立、领受、使用应税经济凭证的行为。不书立、不领受、不使用应税经济凭证就不在征税范围内，其他选项表述不符合印花税征税对象的定义。

10. A

解析：烟叶税的征税对象是收购烟叶的单位。种植、生产、销售烟叶的单位和个人不是烟叶税的征税对象，因为烟叶税是在烟叶收购环节征收。

11. A

解析：车辆购置税的征税对象是购置汽车、有轨电车、汽车挂车、排气量超过150毫升的摩托车的单位和个人。地铁、轻轨等城市轨道交通车辆，装载机、平地机、挖掘机、推土机等轮式专用机械车，起重机(吊车)、叉车、电动摩托车等一般不在车辆购置税征税范围内。

12. A

解析：城市维护建设税的计税依据是纳税人实际缴纳的增值税、消费税税额。不包括滞纳金和罚金，也不是用实际缴纳的税额乘以滞纳金和罚金。

13. C

解析：进口货物的关税纳税人是收货人。货物所有人不是进口货物纳税人，发货人在进口环节不是纳税人，税务机关是征税主体不是纳税人。

14. B

解析：出口货物的关税纳税人是发货人。货物所有人不是出口货物纳税人，收货人在出口环节不是纳税人，税务机关是征税主体不是纳税人。

15. A

解析：船舶吨税的纳税人是应税船舶负责人。应税船舶所有者、使用人、管理机构不是船舶吨税的纳税人定义所指主体。

16. C

解析：城镇土地使用税采用幅度税率。不是比例税率、固定税率和累进税率，幅度税率可以根据不同地区等情况在规定幅度内确定具体适用税率。

17. D

解析：土地增值税采用四级超率累进税率。不是比例税率、固定税率和幅度税率，这种累进税率可以更好地根据增值额占扣除项目金额的比例来征税。

18. A

解析：房产税采用比例税率。不是固定税率、幅度税率和累进税率，根据房产的不同计税依据(余值或租金收入)等按比例征收。

19. C

解析：车船税采用幅度定额税率。不是比例税率、固定税率和累进税率，根据车船的种类等因素在一定幅度内确定定额税率。

20. A

解析：契税采用比例税率。不是固定税率、幅度税率和累进税率，根据不动产的交易等情况按比例征收。

21. C

解析：耕地占用税采用幅度税率。不是比例税率、固定税率和累进税率，在规定幅度内根据不同地区人均耕地面积等情况确定适用税率。

22. A

解析：印花税采用比例税率和定额税率两种。不是固定税率、幅度税率和累进税率，根据应税凭证的性质等分别适用不同的税率形式。

23. A

解析：烟叶税采用比例税率，税率为20%。不是固定税率、幅度税率和累进税率，按照收购烟叶金额的一定比例征收。

24. B

解析：车辆购置税采用比例税率，税率为10%。不是幅度税率、固定税率和累进税率，按购置车辆价格的一定比例征收。

25. A

解析：城市维护建设税采用比例税率。不是固定税率、幅度税率和累进税率，根据纳税人所在地不同采用不同的比例税率。

26. A

解析：关税主要采用比例税率。不是固定税率、幅度税率和累进税率，根据不同的货物种类等设置不同的比例税率。

27. A

解析：船舶吨税采用定额税率，也有一定的优惠税率等情况。不是固定税率、幅度税率和累进税率，根据船舶净吨位等确定税额。

28. A

解析：资源税的计税依据是应税产品的销售额或者销售数量。不是应税产品的原值或成本、利润、价格(价格不直接作为计税依据)，这样可以根据资源的开采或生产销售情况来计税。

29. B

解析：环境保护税的计税依据是应税污染物的当量数。不是单纯的排放量、浓度或种类，当量数是综合考虑污染物对环境危害程度等因素后的计量标准。

30. A

解析：耕地占用税的计税依据是纳税人占用耕地的面积。不是占用耕地的成本、价值或用途，以面积为依据可以比较准确地衡量占用耕地的程度来征税。

二、多项选择题

1. ACD

解析：资源税类包括资源税、城镇土地使用税、土地增值税。环境保护税属于特定目的税类，主要目的是保护和改善环境，促进社会经济的可持续发展，不属于资源税类。

2. ABCD

解析：在中华人民共和国领域和中华人民共和国管辖的其他海域开发应税资源的单位和个人，为资源税的纳税人。中外合作开采陆上、海上石油资源的企业，单位和个人符合资源税纳税人的定义，都需要缴纳资源税。

3. ABC

解析：环境保护税的纳税人是在中华人民共和国领域和中华人民共和国管辖的其他海域，直接向环境排放应税污染物的企业、事业单位和其他生产经营者。政府机关一般不是直接向环境排放应税污染物的主体，所以不是环境保护税纳税人。

4. CD

解析：城镇土地使用税由拥有土地使用权的单位或个人缴纳。土地使用权未确定或权属纠纷未解决的，由实际使用人纳税。土地使用权共有的，由共有各方分别纳税。政府机关、军队自用土地是免税的，不是城镇土地使用税的纳税人。

5. CD

解析：土地增值税的纳税人为转让国有土地使用权、地上的建筑物及其附着物并取得收入的单位和个人。政府机关、军队如果没有转让相关土地使用权和建筑物产权取得收入的行为，不是土地增值税纳税人。

6. ABCD

解析：资源税的征税范围包括能源矿产、金属矿产、非金属矿产、水气矿产和盐。这些矿产资源的开采和利用是资源税征收的主要对象，有助于合理开发和利用自然资源。

7. BC

解析：资源税税率包括从价幅度税率和从量幅度税额。根据应税资源的不同情况，采用不同的税率形式，从价计征或者从量计征，这样可以更合理地对资源开采和利用进行税收调节。

8. ABCD

解析：环境保护税的征税范围包括大气污染物、水污染物、固体废物和噪声。这些污染物是对环境质量影响较大的因素，对其征税可以促使纳税人减少污染物排放，保护环境。

9. ABC

解析：国家机关、人民团体、军队自用的土地，宗教寺庙、公园、名胜古迹自用的土地，直接用于农、林、牧、渔业的生产用地，免征城镇土地使用税。个人所有的居住房屋及院落用地是否免税要看当地规定，一般不是普遍的免税项目。

10. ABCD

解析：建造普通标准住宅出售，增值额未超过扣除项目金额20%的；因国家建设需要依法征用、收回的房地产；因城市规划、国家建设需要而搬迁由纳税人自行转让原房地产；对企事业单位、社会团体以及其他组织转让旧房作为公共租赁住房房源都是土地增值税的免税项目，这些政策有利于社会福利和合理的城市建设等。

11. ABCD

解析：房产税的纳税人是产权所有人、经营管理单位、承典人、房产代管人或者使用人。这些主体在房产的产权、管理、使用等环节承担纳税义务，确保房产税的有效征收。

12. BC

解析：房产税依照房产余值计算缴纳的，税率为1.2%；依照房产租金收入计算缴纳的，税率为12%。房产原值在一定情况下用于计算房产余值，不是直接计税依据；房产评估价值一般不是房产税计税依据。

13. AB

解析：车船税的纳税人是车船的所有人或者管理人。车船使用人、车船服务机构不是车船税的纳税人主体，由所有人或者管理人承担纳税义务。

14. ABCD

解析：契税的计税依据包括成交价格、核定价格、互换价格差额、补缴的土地出让价款等。这些依据可以准确衡量土地、房屋权属转移的经济价值，从而合理征收契税。

15. ABC

解析：军事设施、学校、幼儿园、社会福利机构、医疗机构占用耕地，农村居民在规定用地标准以内占用耕地新建自用住宅，农村烈士遗属、因公牺牲军人遗属、残疾军人以及符合农村最低生活保障条件的农村居民占用耕地等情况有税收优惠。铁路线路、公路线路、飞机场跑道、停机坪、港口、航道、水利工程占用耕地，按照每平方米2元的税额征收耕地占用税，不是优惠政策，而是特殊的低税额征收规定。

16. ABCD

解析：印花税的征税范围包括合同、产权转移书据、营业账簿、证券交易。这些凭证在经济活动和产权转移等过程中发挥重要作用，对其征税可以增加财政收入并且规范经济行为。

17. ABCD

解析：应税凭证的副本或者抄本免征印花税；农民、家庭农场、农民专业合作社、农村集体经济组织、村民委员会购买农业生产资料或者销售农产品书立的买卖合同和农业保险合同免征印花税；无息或者贴息借款合同、国际金融组织向中国提供优惠贷款书立的借款合同免征印花税；财产所有权人将财产赠与政府、学校、社会福利机构、慈善组织书立的产权转移书据免征印花税。这些税收优惠政策有助于促进特定行业和公益事业的发展。

18. ABC

解析：车船税的税收优惠包括法定免税(如捕捞、养殖渔船；军队、武装警察部队专用的车船、警用车船等)、国务院决定减免税(如节约能源、使用新能源的车船)、省级人民政府决定减免税(如受严重自然灾害影响纳税困难以及有其他确需减免税的车船)。县级人民政府没有决定车船税减免的权力。

19. ABC

解析：开采原油以及油田范围内运输原油过程中用于加热的原油、天然气，煤炭开采企业因安全生产需要抽采的煤成(层)气，从低丰度油气田开采的原油、天然气可以减免资源税。高含量天然气、三次采油和从深水油气田开采的原油、天然气一般没有提及减免，有些情况下可能还会有特殊的税收政策引导开采利用。

20. ABCD

解析：农业生产(不包括规模化养殖)排放应税污染物的，机动车、铁路机车、非道路移动机械、船舶和航空器等流动污染源排放应税污染物的，依法设立的城乡污水集中处理、生活垃圾集中处理场所排放相应应税污染物，不超过国家和地方规定的排放标准的，纳税人综合利用的固体废物，符合国家和地方环境保护标准的都属于环境保护税的免税情形，这些规定有利于在合理范围内减轻纳税人负担，同时保障环境质量。

21. ABCD

解析：个人所有的居住房屋及院落用地，房产管理部门在房租调整改革前经租的居民住房用地，免税单位职工家属的宿舍用地，集体和个人办的各类学校、医院、托儿所、幼儿园用地都是城镇土地使用税的减税情形，这些政策有利于保障居民生活和社会福利相关设施的用地需求。

22. ABCD

解析： 选项 A，个人之间互换自有居住用房地产，这种情况下经当地税务机关核实后免征土地增值税，主要是考虑到此种交换行为通常不是以盈利为目的，并且有利于居民合理安排居住需求。

选项 B，合作建房后按比例分房自用，暂免征收土地增值税。这是因为这种情况下没有发生房地产的实质性商业转让，没有产生土地增值的应税行为。

选项 C，对个人销售住房暂免征收土地增值税，这是国家为了稳定住房市场，减轻个人住房交易的税收负担而制定的政策。

选项 D，在符合特定条件下（如非房地产开发企业以房地产作价入股投资或联营，且接收方不是用于房地产开发等），暂免征收土地增值税，这是为了鼓励企业之间的资产整合和合理利用房地产资源。但如果涉及房地产开发企业利用商品房进行投资、联营等不符合免税条件的情况，则要正常征收土地增值税。

23. ABC

解析： 房产税的税收优惠包括非经营自用房产（如个人自住房屋等）、军教医疗相关房产（如军队自用房产、学校医院等自用房产）、停用房、临时房、公租房等情况。持有抵债不动产一般没有特殊的房产税税收优惠，正常按照房产余值或租金收入计税。

24. ABCD

解析： 选项 A，捕捞、养殖渔船免征是考虑其生产作业性质给予优惠。

选项 B，对纯电动商用车免征是鼓励新能源汽车发展的体现。

选项 C，地方政府可根据实际情况对公共交通车船减免，有利于公共交通发展。

选项 D，对军队等专用车船免征是基于其特殊用途的优惠。

25. ABC

解析： 契税的税收优惠包括特定主体、特定用途类（如国家机关、事业单位、社会团体、军事单位承受土地、房屋用于办公、教学、医疗、科研和军事设施等），住房类（如个人购买家庭唯一住房等），改制重组征免政策（如企业改制等过程中的契税优惠）。省级人民政府一般没有单独决定契税减免的权力，主要是国家统一规定的优惠政策。

26. ABCD

解析： 选项 A，学校等社会公益机构占用耕地免税，是为了支持社会公共事业的发展。

选项B，农村居民搬迁新建住宅在一定条件下免税，考虑了农民合理的居住需求。

选项C，对特定军人和困难农村居民新建住宅免税，体现对特殊群体的照顾。

选项D，军事设施占用耕地免税是基于国防安全等国家利益考虑。

27. ABCD

解析：选项A，对个人销售或购买住房免税，减轻个人住房交易负担。

选项B，对农牧业保险合同免税，支持农牧业发展。

选项C，对公益性质的财产赠与书据免税，鼓励公益行为。

选项D，对印花税凭证副本等免税，避免重复征税。

28. ABCD

解析：选项A，税率调整会直接影响烟叶税的应纳税额，若税率降低则纳税人税负减轻，属于税收优惠的一种方式。

选项B，征收管理调整如果是放宽纳税期限等措施，对纳税人来说在资金时间成本上是有利的，间接起到一定优惠作用。

选项C，纳税人变更所属区域可能涉及税收管辖权等问题，重新界定可能会对征税范围和征收方式产生影响，有可能带来优惠变化。

选项D，征税范围调整如果缩小了范围，对不再纳入征税范围的烟叶生产者等来说就是一种优惠。

29. AB

解析：车辆购置税的税收优惠包括法定减免税规定(如外国驻华使馆、领事馆和国际组织驻华机构及其外交人员自用的车辆免税等)和其他减免税规定(如设有固定装置的非运输专用作业车辆免税等)。没有税率调整和征收管理调整作为税收优惠选项内容。

30. ABD

解析：选项A，从计税依据中扣除退还的增值税税额，实际减少了应纳税额，属于税收优惠。

选项B，海关代征时不征收，减轻了相关纳税人的负担，是一种优惠。

选项C，出口退还增值税、消费税但不退还城市维护建设税，这不是优惠，反而可能增加纳税人负担。

选项D，对特定基金免征城市维护建设税，直接减免了纳税义务，是税收优惠。

31. ACD

解析：关税的税收优惠包括法定减免税(如关税税额在人民币50元以下的一票货物免征关税等)、特定减免税(如对特定地区、特定企业或者有特定用途的进出口货物减征或者免征关税)、临时减免税(在特殊情况下临时批准减免关税)。暂时免税不是关税税收优惠的典型表述方式。

32. AB

解析：船舶吨税的税收优惠包括直接优惠(如应纳税额在人民币50元以下的船舶免征船舶吨税等)和延期优惠(如应税船舶在进入港口办理入境手续时，应当向海关申报纳税领取吨税执照，或者交验吨税执照。在吨税执照期限内，应税船舶发生下列情形之一的，海关按照实际发生的天数批注延长吨税执照期限等)。没有税率调整和征收管理调整作为船舶吨税税收优惠选项内容。

33. ABC

解析：资源税的计税依据确定方法包括从价定率销售额的确定(对于从价计征的资源税)、几种外购应税产品准予从销售额(数量)中扣减的情形(合理确定计税数量和金额)、从量定额方式计税(对于部分适合从量计征的资源)。按税目税率表执行不是计税依据确定方法，而是在确定适用税率等方面的参考。

34. ABCD

解析：环境保护税的计税依据确定方法包括应税大气污染物按照污染物排放量折合的污染当量数确定，应税水污染物按照污染物排放量折合的污染当量数确定，应税固体废物按照固体废物的排放量确定，应税噪声按照超过国家规定标准的分贝数确定。这些依据能够准确衡量污染物排放的程度，从而合理征收环境保护税。

35. BCD

解析：城镇土地使用税以纳税人实际占用的土地面积为计税依据。

选项A，实际占用应税土地面积是城镇土地使用税的计税依据。土地面积的确定一般以土地使用证书上确定的面积为准；尚未核发土地使用证书的，应由纳税人据实申报土地面积，待核发土地使用证书后再作调整。

选项B，适用税额是在确定计税依据(实际占用土地面积)之后，根据不同的地段、区域等因素规定的每平方米土地应纳税额的标准。它不是计税依据，而是用于计算应纳税额的一个税率标准，应纳税额=计税依据(实际占用土地面积)×适用税额。

选项C，税率表只是用来展示不同情况下适用税额的表格，它是辅助确定适用税额的工具，本身不是计税依据。计税依据是土地的实际占用面积。

选项D，纳税人自行申报的内容包含土地面积等信息，但这只是申报环节，申报的实际占用土地面积才是计税依据，而不是“纳税人自行申报”这个行为本身可作为计税依据。

36. ABC

解析：土地增值税的计税依据确定方法包括转让房地产取得的应税收入、扣除项目金额（用于计算增值额）、评估价格法（在一些特殊情况下用于确定价值）。纳税人自行申报不是计税依据确定方法，而是纳税程序的一个环节。

37. AB

解析： 选项 A，对于自用房产，一般按照房产余值计税，这是考虑房产的损耗等因素后的合理计税依据。

选项 B，对于出租房产，以租金收入作为计税依据，这样能准确反映房产出租的收益情况来征税。

选项 C，单纯的原始入账价值没有考虑房产的折旧等因素，一般不作为计税依据。

选项 D，通常情况下，房产税计税依据不是市场公允价值。

38. AB

解析： 车船税的计税依据确定方法包括车船数量、车船吨位。车船马力和车船价值一般不是车船税的计税依据，根据车船的数量和吨位等因素来计算应纳税额更能合理体现车船的使用程度和规模。

39. ABCD

解析： 选项 A，成交价格能直接体现土地、房屋交易的价值，以此计税合理。

选项 B，对于没有成交价格的情况，核定价格可以保证税收公平，防止避税。

选项 C，以互换价格差额作为计税依据，考虑了双方土地、房屋价值的差异。

选项 D，以补缴的土地出让价款作为计税依据，是对土地性质转变后增值部分征税。

40. BCD

解析： 耕地占用税的计税依据是占用耕地的面积。根据占用耕地的面积乘以适用税额计算应纳税额，占用耕地的成本、价值、用途不是计税依据。

三、判断题

1. ×

解析： 资源税的征税对象是部分具有商品属性的自然资源，并非所有。

2. √

解析： 资源税通过税收调节，可以促进资源的合理利用和节约。

3. √

解析： 环境保护税通过税收激励，可以促使企业减少污染物排放，推动绿色生产和可持续发展。

4. √

解析： 城镇土地使用税通过税收调节，可以促进土地资源的合理配置和高效利用。

5. √

解析：土地增值税通过税收调节，可以抑制房地产市场的投机行为，促进房地产市场的健康发展。

6. ×

解析：房产税的纳税人包括所有拥有房屋产权的单位和个人，以及经营自用房屋的单位和个人。

7. ×

解析：车船税的纳税人包括所有拥有车船的所有人或者管理人，以及使用车船的单位和个人。

8. ×

解析：契税的纳税人包括所有承受土地、房屋权属的单位和个人，以及代表国家承受权属的单位和个人。

9. ×

解析：耕地占用税的纳税人包括所有占用耕地建设建筑物、构筑物或从事非农业建设的单位和个人，以及临时占用耕地的单位和个人。

10. ×

解析：印花税的纳税人包括所有书立、领受应税凭证的单位和个人，以及使用应税凭证的单位和个人。

11. √

解析：烟叶税的纳税人仅限于收购烟叶的“单位”。

12. √

解析：车辆购置税的纳税人是在中华人民共和国境内购置应税车辆的单位和个人。这里的购置包括购买、进口、自产、受赠、获奖或以其他方式取得并自用应税车辆的行为，所以表述正确。

13. ×

解析：城市维护建设税的纳税人包括所有缴纳增值税、消费税的单位和个人，以及进口货物或物品的单位和个人。

14. √

解析：关税的纳税人包括所有进出口货物的收货人、发货人和进出境物品的所有人。

15. √

解析：船舶吨税的纳税人包括所有自境外港口进入境内港口的船舶的负责人。

16. √

解析：资源税一般以应税产品的销售额或者销售数量为计税依据。从价计征时计税依据是销售额，从量计征时计税依据是销售数量。

17. √

解析：环境保护税根据不同应税污染物，按照排放量、污染当量数等确定计税依据，总体是以应税污染物的排放量等相关指标作为计税依据来征收，该表述正确。

18. √

解析：城镇土地使用税的计税依据为纳税人实际占用的土地面积。

19. √

解析：土地增值税的计税依据为纳税人转让房地产所取得的增值额。

20. √

解析：房产税的计税依据为房产原值或房产租金收入。

21. √

解析：车船税的计税依据为车船的计税单位数量，例如车船的吨位、马力等。

22. √

解析：契税的计税依据为土地、房屋权属转移合同确定的成交价格或核定价格。

23. √

解析：耕地占用税的计税依据为实际占用的耕地面积。

24. √

解析：印花税的计税依据为应税凭证所列的金额。

25. √

解析：烟叶税的计税依据为纳税人收购烟叶的价款总额。

26. √

解析：车辆购置税的计税依据为应税车辆的计税价格，例如车辆的购置价格、进口价格等。

27. √

解析：城市维护建设税的计税依据为纳税人依法实际缴纳的增值税、消费税税额。

28. √

解析：关税的计税依据为进出口货物的完税价格，即海关审定的进出口货物的价格。

29. √

解析：船舶吨税的计税依据为船舶的净吨位。

30. ×

解析：并非所有的税种都可以实行税收优惠，税收优惠需要根据税法规定和税收政策来确定。

第七章　税收征收管理

内容回顾

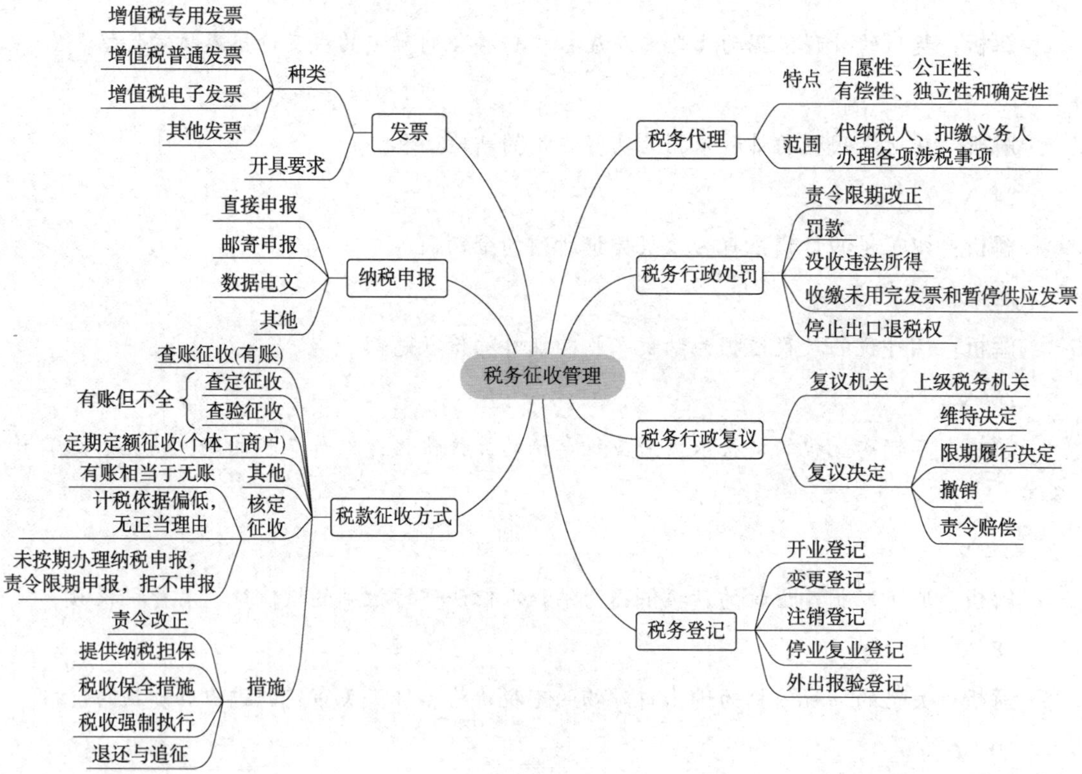

一、单项选择题

1. 以下关于税收征收管理中税收保全措施的说法，正确的是(　　)。

A. 税收保全措施可以随意使用

B. 税收保全措施只能针对未办理税务登记的纳税人

C. 经县以上税务局(分局)局长批准，税务机关才可以采取税收保全措施

D. 税收保全措施包括书面通知纳税人开户银行从其存款中直接扣缴税款

2. 在税收征收管理中，纳税申报期限的设定主要依据是(　　)。

A. 税务机关的工作安排

B. 纳税人的要求

C. 税种的特点和税收征管的需要

D. 当地政府的财政需求

3. 在税收征收管理中，对于逃避追缴欠税行为，税务机关可对纳税人处以(　　)。

A. 欠缴税款 50%以上 5 倍以下的罚款

B. 欠缴税款 1 倍以上 3 倍以下的罚款

C. 欠缴税款 30%以上 3 倍以下的罚款

D. 欠缴税款 10%以上 5 倍以下的罚款

4. 在税收征收管理方面，下列哪种情况税务机关有权核定其应纳税额？(　　)

A. 纳税人按照规定办理了税务登记

B. 纳税人申报的计税依据明显偏低，又无正当理由

C. 纳税人财务会计制度健全

D. 纳税人积极配合税务机关检查

5. 在税收征收管理中，关于税收滞纳金，下列说法正确的是(　　)。

A. 税收滞纳金是一种行政处罚

B. 税收滞纳金的比例由税务机关自行确定

C. 从滞纳税款之日起，按日加收滞纳税款万分之五的滞纳金

D. 纳税人对税收滞纳金可以申请减免

6. 在税收征收管理中，税务检查时税务机关的权利不包括(　　)。

A. 查账权

B. 场地检查权

C. 冻结纳税人银行存款权

D. 责成提供资料权

7. 对于税收征收管理中的税务代理，以下说法错误的是(　　)。

A. 税务代理机构可以为纳税人办理纳税申报

B. 税务代理必须遵循自愿原则

C. 税务代理机构不能代理税务行政复议

D. 税务代理机构要在代理权限内行使代理权

8. 在税收征收管理中，下列关于税收优惠管理的说法正确的是(　　)。

A. 纳税人无须任何手续就可享受税收优惠

B. 税收优惠政策一旦制定就不能修改

C. 税务机关要对税收优惠的享受进行审核监督

D. 税收优惠只针对大型企业

9. 在税收征收管理下，小规模纳税人增值税征收率为(　　)。

A. 13%

B. 9%

C. 6%

D. 3%(疫情期间有特殊规定)

10. 在税收征收管理中，计算企业所得税的应纳税所得额时，下列支出不得扣除的是(　　)。

A. 合理的工资、薪金支出

B. 企业按照规定缴纳的财产保险费

C. 税收滞纳金

D. 企业发生的合理的劳动保护支出

11. 在税收征收管理中，消费税的纳税环节不包括(　　)。

A. 生产环节

B. 批发环节(部分应税消费品)

C. 零售环节(部分应税消费品)

D. 运输环节

12. 在税收征收管理方面，下列属于资源税应税产品的是(　　)。

A. 人造石油

B. 煤矿生产的天然气

C. 海盐

D. 居民用煤炭制品

13. 在税收征收管理中，土地增值税的计税依据是(　　)。

A. 转让房地产取得的收入额

B. 转让房地产取得的增值额

C. 转让房地产取得的利润额

D. 转让房地产取得的销售额

14. 在税收征收管理中，关于印花税的说法，正确的是(　　)。

A. 印花税只对合同签订方征收

B. 印花税税率是统一的

C. 印花税是一种行为税

D. 印花税的纳税期限为半年

15. 在税收征收管理中，车辆购置税的税率为(　　)。

A. 10%　　B. 13%

C. 9%　　D. 根据车辆类型而定

16. 在税收征收管理下，对于偷税行为，税务机关追缴其不缴或者少缴的税款、滞纳金，并处不缴或者少缴的税款(　　)。

A. 50%以上 5 倍以下的罚款

B. 1 倍以上 3 倍以下的罚款

C. 30%以上 3 倍以下的罚款

D. 10%以上 5 倍以下的罚款

17. 在税收征收管理中，下列哪项不属于税务机关的义务(　　)。

A. 宣传税法

B. 纳税人信息保密

C. 随意增加纳税人的纳税义务

D. 依法办理税务登记

18. 在税收征收管理方面，个人所得税中综合所得的税率是(　　)。

A. 七级超额累进税率

B. 五级超额累进税率

C. 比例税率

D. 定额税率

19. 在税收征收管理中，房产税的计税依据不包括(　　)。

A. 房产余值

B. 房产租金收入

C. 房产的购置价格

D. 按照房产余值或租金收入

20. 在税收征收管理中，城镇土地使用税的征税范围是(　　)。

A. 城市、县城、建制镇和工矿区

B. 全国范围

C. 农村地区

D. 仅城市地区

21. 在税收征收管理中，关于契税的说法，正确的是(　　)。

A. 契税由卖方缴纳

B. 契税的税率是固定的 3%

C. 契税以在我国境内转移土地、房屋权属为征税对象

D. 契税只对个人征收

22. 在税收征收管理方面，下列关于关税的说法错误的是(　　)。

A. 关税的课税对象是进出境的货物、物品

B. 关税有进口关税和出口关税之分

C. 关税由海关负责征收

D. 我国对所有进口货物都征收高额关税

23. 在税收征收管理中，企业发生的公益性捐赠支出，在年度利润总额(　　)以内的部分，准予在计算应纳税所得额时扣除。

A. 12%　　B. 15%

C. 20%　　D. 30%

24. 在税收征收管理中，增值税一般纳税人计算应纳税额的公式为(　　)。

A. 应纳税额=销售额×征收率

B. 应纳税额=当期销项税额-当期进项税额

C. 应纳税额=含税销售额÷(1+税率)×税率

D. 应纳税额=营业额×税率

25. 在税收征收管理中，下列关于税收征管法适用范围的说法正确的是(　　)。

A. 只适用于内资企业

B. 适用于税务机关征收的各种税收

C. 只适用于个人所得税

D. 只适用于企业所得税

26. 在税收征收管理方面，对于未按照规定设置、保管账簿或者保管记账凭证和有关资料的纳税人，税务机关可以(　　)。

A. 责令限期改正，可以处 2000 元以下的罚款；情节严重的，处 2000 元以上 1 万元以下的罚款

B. 直接处 1 万元以上 5 万元以下的罚款

C. 不予处罚，只要求其补正

D. 处 5 万元以上 10 万元以下的罚款

27. 在税收征收管理中，纳税人自结算缴纳税款之日起(　　)内发现多缴税款的，可

以向税务机关要求退还多缴的税款并加算银行同期存款利息。

A. 1 年　　B. 3 年

C. 5 年　　D. 10 年

28. 在税收征收管理下，关于税务登记的说法，正确的是(　　)。

A. 只有企业需要办理税务登记

B. 税务登记是一种可有可无的程序

C. 从事生产、经营的纳税人自领取营业执照之日起 30 日内办理税务登记

D. 税务登记只需要登记纳税人名称即可

29. 在税收征收管理中，下列关于税收管理员制度的说法错误的是(　　)。

A. 税收管理员负责对纳税人进行日常管理和纳税服务

B. 税收管理员可以随意调整纳税人的应纳税额

C. 税收管理员要对纳税人的税源情况进行监控

D. 税收管理员要宣传税收政策

30. 在税收征收管理方面，关于税收违法案件举报制度，下列说法正确的是(　　)。

A. 税务机关对举报人的信息不需要保密

B. 举报人必须实名举报

C. 税务机关对举报案件经查实后，应当按照规定给予举报人奖励

D. 只有税务机关内部人员才能举报税收违法行为

二、多项选择题

1. 在税收征收管理中，税务机关有权进行税务检查的对象包括(　　)。

A. 纳税人　　B. 扣缴义务人

C. 纳税担保人　　D. 与纳税相关的第三方

2. 税收征收管理中的税收保全措施包括(　　)。

A. 书面通知纳税人开户银行或者其他金融机构冻结纳税人的金额相当于应纳税款的存款

B. 扣押、查封纳税人的价值相当于应纳税款的商品、货物或者其他财产

C. 书面通知纳税人开户银行从其存款中扣缴税款

D. 依法拍卖或者变卖所扣押、查封的商品、货物或者其他财产，以拍卖或者变卖所得抵缴税款

3. 以下属于税收征收管理中纳税申报方式的有(　　)。

A. 直接申报　　B. 邮寄申报

C. 数据电文申报　　　　　　　　　　D. 简易申报

4. 在税收征收管理中，税务机关核定应纳税额的方法有(　　)。

A. 参照当地同类行业或者类似行业中经营规模和收入水平相近的纳税人的税负水平核定

B. 按照营业收入或者成本加合理的费用和利润的方法核定

C. 按照耗用的原材料、燃料、动力等推算或者测算核定

D. 按照其他合理方法核定

5. 在税收征收管理方面，下列关于税收滞纳金的说法正确的有(　　)。

A. 从滞纳税款之日起，按日加收滞纳税款万分之五的滞纳金

B. 滞纳金是对纳税人未按时纳税的一种经济制裁

C. 税收滞纳金不得在计算应纳税所得额时扣除

D. 纳税人因有特殊困难，经税务机关批准，可以不缴纳滞纳金

6. 在税收征收管理中，对于纳税人的权利，下列说法正确的有(　　)。

A. 纳税人有权要求税务机关为其保守商业秘密和个人隐私

B. 纳税人对税务机关作出的决定，享有陈述权、申辩权

C. 纳税人有权依法申请减税、免税、退税

D. 纳税人有权控告和检举税务机关、税务人员的违法违纪行为

7. 以下关于税收征收管理中税务登记的类型包括(　　)。

A. 开业登记　　　　　　　　　　B. 变更登记

C. 注销登记　　　　　　　　　　D. 停业、复业登记

8. 在税收征收管理中，影响应纳税额的因素有(　　)。

A. 计税依据　　　　　　　　　　B. 税率

C. 税收优惠　　　　　　　　　　D. 纳税期限

9. 在税收征收管理方面，下列属于企业所得税税收优惠的有(　　)。

A. 免税收入　　　　　　　　　　B. 加计扣除

C. 减计收入　　　　　　　　　　D. 税额抵免

10. 在税收征收管理中，增值税的征收范围包括(　　)。

A. 销售货物

B. 提供加工、修理修配劳务

C. 进口货物

D. 销售不动产

11. 以下关于税收征收管理中发票管理的说法正确的有(　　)。

A. 发票限于领购单位和个人在本省、自治区、直辖市内开具

B. 禁止携带、邮寄或者运输空白发票出入境

C. 开具发票应当按照规定的时限、顺序、栏目，全部联次一次性如实开具

D. 任何单位和个人不得转借、转让、代开发票

12. 在税收征收管理中，对于偷税行为的认定，下列情况可能构成偷税的有(　　)。

A. 伪造、变造、隐匿、擅自销毁账簿、记账凭证

B. 在账簿上多列支出或者不列、少列收入

C. 经税务机关通知申报而拒不申报或者进行虚假的纳税申报

D. 不按照规定办理税务登记

13. 在税收征收管理方面，下列关于消费税纳税环节的说法正确的有(　　)。

A. 生产应税消费品的单位和个人，在销售时纳税

B. 委托加工应税消费品的，由受托方在向委托方交货时代收代缴税款

C. 进口应税消费品的，在进口报关时纳税

D. 金银首饰、钻石及钻石饰品在零售环节纳税

14. 在税收征收管理中，税务机关进行纳税评估时，重点分析的内容包括(　　)。

A. 纳税人的纳税申报数据

B. 财务会计报表数据

C. 税务机关掌握的其他数据

D. 纳税人的经营规模

15. 以下属于税收征收管理中税收强制执行措施的有(　　)。

A. 书面通知纳税人开户银行或者其他金融机构从其存款中扣缴税款

B. 扣押、查封、依法拍卖或者变卖纳税人价值相当于应纳税款的商品、货物或者其他财产，以拍卖或者变卖所得抵缴税款

C. 加收滞纳金

D. 限制纳税人的人身自由

16. 在税收征收管理方面，下列关于小规模纳税人的说法正确的有(　　)。

A. 年应征增值税销售额未超过规定标准的纳税人，可以登记为小规模纳税人

B. 小规模纳税人实行简易计税方法

C. 小规模纳税人的增值税征收率一般为3%(疫情期间有特殊规定)

D. 小规模纳税人不得使用增值税专用发票

17. 在税收征收管理中，关于资源税的说法正确的有(　　)。

A. 资源税的纳税义务人是在中华人民共和国领域及管辖海域开采应税资源的单位和

个人

B. 资源税采取从价计征和从量计征两种征收方式

C. 纳税人开采或者生产应税产品自用的，视同销售，应当缴纳资源税

D. 资源税的征税范围包括原油、天然气、煤炭等

18. 在税收征收管理下，个人所得税的应税项目包括(　　)。

A. 工资、薪金所得　　B. 劳务报酬所得

C. 稿酬所得　　D. 特许权使用费所得

19. 在税收征收管理中，关于土地增值税的说法正确的有(　　)。

A. 土地增值税是对转让国有土地使用权、地上建筑物及其附着物并取得收入的单位和个人征收的一种税

B. 土地增值税实行四级超率累进税率

C. 扣除项目包括取得土地使用权所支付的金额、开发土地的成本、费用等

D. 纳税人转让房地产所取得的收入减除规定扣除项目金额后的余额为增值额，以此为计税依据

20. 在税收征收管理方面，印花税的应税凭证包括(　　)。

A. 合同　　B. 产权转移书据

C. 营业账簿　　D. 权利、许可证照

21. 在税收征收管理中，车辆购置税的应税行为包括(　　)。

A. 购买自用应税车辆

B. 进口自用应税车辆

C. 受赠使用应税车辆

D. 自产自用应税车辆

22. 以下关于税收征收管理中纳税信用管理的说法正确的有(　　)。

A. 税务机关对纳税人的纳税信用信息进行采集、评价、确定、发布和应用

B. 纳税信用级别分为 A、B、M、C、D 五级

C. 纳税信用评价周期为一个纳税年度

D. 对纳税信用评价为 D 级的纳税人，税务机关应采取严格的管理措施

23. 在税收征收管理中，关于城镇土地使用税的说法正确的有(　　)。

A. 以纳税人实际占用的土地面积为计税依据

B. 土地使用权共有的，由共有各方分别纳税

C. 实行有幅度的差别税额

D. 按年计算、分期缴纳

24. 在税收征收管理中，契税的计税依据可能为(　　)。

A. 成交价格

B. 市场价格

C. 交换土地、房屋的价格差额

D. 核定价格

25. 在税收征收管理方面，关税的减免类型包括(　　)。

A. 法定减免　　B. 特定减免

C. 临时减免　　D. 随意减免

26. 在关税税收征收管理中，关于企业所得税中不得扣除的项目有(　　)。

A. 向投资者支付的股息、红利等权益性投资收益款项

B. 企业所得税税款

C. 税收滞纳金

D. 未经核定的准备金支出

27. 以下在税收征收管理中属于税收筹划的合法方式有(　　)。

A. 利用税收优惠政策

B. 选择合理的会计处理方法

C. 利用税收征管的漏洞

D. 通过关联交易转移利润(在合法范围内)

28. 在税收征收管理方面，关于增值税专用发票的使用规定，下列说法正确的有(　　)。

A. 一般纳税人应通过增值税防伪税控系统使用专用发票

B. 专用发票实行最高开票限额管理

C. 不得虚开、转借、转让、代开专用发票

D. 小规模纳税人不得开具专用发票

29. 在税收征收管理中，税务机关在进行税务检查时，可以采取的措施有(　　)。

A. 检查纳税人的账簿、记账凭证、报表和有关资料

B. 到纳税人的生产、经营场所和货物存放地检查纳税人应纳税的商品、货物或者其他财产

C. 责成纳税人、扣缴义务人提供与纳税或者代扣代缴、代收代缴税款有关的文件、证明材料和有关资料

D. 询问纳税人、扣缴义务人与纳税或者代扣代缴、代收代缴税款有关的问题和情况

30. 在税收征收管理中，关于个人所得税专项附加扣除，下列说法正确的有(　　)。

A. 包括子女教育、继续教育、大病医疗、住房贷款利息等扣除项目

B. 纳税人可以根据自身情况自行申报扣除

C. 扣除标准根据不同项目有不同规定

D. 专项附加扣除旨在减轻纳税人的税收负担

31. 在税收征收管理中，关于《税收征收管理法》的适用范围，下列说法正确的有(　　)。

A. 适用于依法由税务机关征收的各种税收的征收管理

B. 包括国内税收和涉外税收

C. 不适用于关税和船舶吨税的征收管理

D. 部分适用于海关代征的进口环节增值税、消费税的征收管理

32. 在税收征收管理方面，下列关于纳税期限的说法正确的有(　　)。

A. 纳税期限是指纳税人按照税法规定缴纳税款的期限

B. 不同税种的纳税期限可能不同

C. 纳税期限可以分为按期纳税和按次纳税

D. 税务机关可以根据纳税人的要求延长纳税期限

33. 在税收征收管理中，纳税担保的形式包括(　　)。

A. 保证　　B. 抵押

C. 质押　　D. 留置

34. 以下哪些措施可以提高税收征收效率？(　　)

A. 加强税收征管信息化建设

B. 提高纳税人的税法意识

C. 增加税收征管人员数量

D. 简化税收征管流程

35. 以下哪些属于税收征收的合法手段？(　　)

A. 提高税率

B. 扩大税基

C. 减少税收优惠

D. 增加税收征管人员数量

36. 以下哪些措施有助于防止税收流失？(　　)

A. 加强税务稽查

B. 提高税收征管人员的专业水平

C. 增加税收征管人员数量

D. 完善税收法规

37. 在税收管理中，以下哪些因素会影响税收的公平性？(　　)

A. 税率的高低

B. 税收优惠政策的设置

C. 税收征管的严格程度

D. 税收法规的完善程度

38. 以下哪些措施可以提高纳税人的税法遵从度？(　　)

A. 加强税法宣传教育

B. 提高税收征管的透明度

C. 简化税收申报流程

D. 增加税收征管人员数量

39. 以下哪些因素会影响税收的稳定性？(　　)

A. 经济周期的变化

B. 税收政策的调整

C. 税收征管的效率

D. 纳税人的税法遵从度

40. 在税收管理中，以下哪些措施可以提高税收的透明度？(　　)

A. 公开税收法规

B. 公开税收征管流程

C. 公开税收优惠政策

D. 增加税收征管人员数量

三、判断题(正确的打“√”，错误的打“×”)

1. 在税收征收管理中，税务机关有权对所有纳税人的银行账户进行随时查询。(　　)

2. 在税收征收管理方面，纳税人只要办理了税务登记就不需要再进行纳税申报了。(　　)

3. 在税收征收管理中，小规模纳税人一律不得使用增值税专用发票。(　　)

4. 对于税收征收管理而言，税收滞纳金的比例由税务机关根据纳税人的具体情况确定。(　　)

5. 在税收征收管理中，纳税人发生纳税义务，未按照规定的期限办理纳税申报，经税务机关责令限期申报，逾期仍不申报的，税务机关有权核定其应纳税额。(　　)

6. 在税收征收管理中，企业所得税的应纳税所得额等于企业的收入总额。(　　)

7. 税务机关在税收征收管理中采取税收保全措施时，不必经过纳税人同意。(　　)

8. 在税收征收管理中，所有的税收优惠政策都不需要纳税人进行申请，税务机关会自动给予。（　）

9. 在税收征收管理中，消费税只在生产环节征收。（　）

10. 纳税人在税收征收管理过程中对税务机关作出的处罚决定不服的，可以直接向人民法院提起诉讼。（　）

11. 在税收征收管理方面，土地增值税是对土地转让的增值额征收的一种税，所以只要土地有增值就必须缴纳土地增值税。（　）

12. 在税收征收管理中，个人所得税的纳税人分为居民纳税人和非居民纳税人，二者的纳税义务完全相同。（　）

13. 税务机关在税收征收管理时，对于未按照规定期限缴纳税款的纳税人，只能采取加收滞纳金的措施。（　）

14. 在税收征收管理中，车辆购置税的计税依据是车辆的销售价格。（　）

15. 在税收征收管理中，资源税是对在我国境内开采应税资源的单位和个人销售应税资源取得的销售额征收的一种税。（　）

16. 在税收征收管理方面，纳税人通过税务代理机构办理纳税事宜后，就不需要再承担任何纳税义务了。（　）

17. 在税收征收管理中，城镇土地使用税以纳税人实际占用的土地面积为计税依据，土地面积计量标准只能是平方米。（　）

18. 在税收征收管理中，印花税的纳税人为书立、领受应税凭证的单位和个人，所以只要签订合同就必须缴纳印花税。（　）

19. 在税收征收管理中，税务机关进行纳税评估时，只需要查看纳税人的纳税申报资料就可以了。（　）

20. 对于税收征收管理，纳税人在享受税收优惠期间不需要进行纳税申报。（　）

21. 在税收征收管理方面，企业所得税的税率是固定不变的。（　）

22. 在税收征收管理中，税务机关有权根据本地财政收入需求调整纳税人的应纳税额。（　）

23. 在税收征收管理中，增值税一般纳税人的进项税额都可以从销项税额中抵扣。（　）

24. 在税收征收管理中，契税的纳税义务发生时间为签订土地、房屋权属转移合同的当天。（　）

25. 在税收征收管理方面，关税的完税价格是指海关根据有关规定对进出口货物进行审定或估定后通过估价确定的价格。（　）

26. 在税收征收管理中，纳税人申报的计税依据明显偏低且无正当理由的，税务机关有权核定其应纳税额，核定后纳税人不得再进行调整。（　　）

27. 在税收征收管理中，税务机关对纳税人采取税收保全措施后，纳税人在限期内缴纳税款的，税务机关应立即解除税收保全措施。（　　）

28. 在税收征收管理中，个人所得税中的劳务报酬所得适用比例税率，税率为20%。（　　）

29. 在税收征收管理方面，纳税人因不可抗力不能按期办理纳税申报的，可以不进行申报。（　　）

30. 在税收征收管理中，纳税担保人同意为纳税人提供纳税担保的，应当填写纳税担保书，纳税担保书须经纳税人、纳税担保人和税务机关同时签字盖章后方为有效。（　　）

答案及解析

一、单项选择题

1. C

解析：税收保全措施必须经县以上税务局(分局)局长批准，税务机关才可以实施。A 选项，不能随意使用；B 选项，并非只针对未办理税务登记的纳税人；D 选项，书面通知纳税人开户银行从其存款中直接扣缴税款属于强制执行措施，而非保全措施。答案为 C。

2. C

解析：纳税申报期限的设定主要依据税种的特点，例如有些税种按月申报，有些按季申报等，同时也要考虑税收征管的需要，方便税务机关管理。A 选项税务机关工作安排不是主要依据；B 选项纳税人要求不是决定性因素；D 选项当地政府财政需求不能直接决定申报期限。答案为 C。

3. A

解析：对于逃避追缴欠税行为，税务机关可对纳税人处以欠缴税款 50%以上 5 倍以下的罚款。答案为 A。

4. B

解析：当纳税人申报的计税依据明显偏低，又无正当理由时，税务机关有权核定其应纳税额。A 选项办理税务登记不能排除核定税额的可能；C 选项财务会计制度健全一般按申报纳税，但如果有计税依据不合理情况仍可能被核定；D 选项积极配合检查不是核定税额的依据。答案为 B。

5. C

解析：从滞纳税款之日起，按日加收滞纳税款万分之五的滞纳金。A 选项，税收滞纳金不是行政处罚；B 选项，比例是法定的；D 选项，一般情况下纳税人不能申请减免滞纳金。答案为 C。

6. C

解析：冻结纳税人银行存款权属于税收保全措施或强制执行措施中的权力，不是税务检查时的权利。税务检查时税务机关有查账权、场地检查权、责成提供资料权等。答案为 C。

7. C

解析：税务代理机构可以代理税务行政复议等事务。A 选项，办理纳税申报是常见的税务代理业务；B 选项，自愿原则是税务代理的重要原则；D 选项，在代理权限内行使代理权是必须的。答案为 C。

8. C

解析：税务机关要对税收优惠的享受进行审核监督，确保优惠政策正确实施。A 选项，纳税人通常需要符合条件并办理相关手续；B 选项，税收优惠政策可根据实际情况修改；D 选项，税收优惠面向符合条件的各类企业，并非只针对大型企业。答案为 C。

9. D

解析：小规模纳税人增值税征收率通常为 3%，疫情期间有特殊优惠规定。A 选项 13%、B 选项 9%、C 选项 6%是一般纳税人的部分税率。答案为 D。

10. C

解析：税收滞纳金在计算企业所得税应纳税所得额时不得扣除。A 选项合理的工资、薪金支出可扣除；B 选项财产保险费可扣除；D 选项合理的劳动保护支出可扣除。答案为 C。

11. D

解析：消费税的纳税环节包括生产环节、批发环节(部分应税消费品)、零售环节(部分应税消费品)，不包括运输环节。答案为 D。

12. C

解析：海盐属于资源税应税产品。A 选项人造石油不征资源税；B 选项煤矿生产的天然气不征资源税；D 选项居民用煤炭制品不征资源税。答案为 C。

13. B

解析：土地增值税的计税依据是转让房地产取得的增值额，即转让房地产所取得的收入减除规定扣除项目金额后的余额。答案为 B。

14. C

解析：印花税是一种行为税，对经济活动和经济交往中书立、领受具有法律效力的凭证的行为所征收的一种税。A 选项，不只是合同签订方，领受凭证方等也可能被征收；B 选项，印花税税率有多种；D 选项，印花税纳税期限多样，不一定是半年。答案为 C。

15. A

解析：车辆购置税的税率为 10%。答案为 A。

16. A

解析：对于偷税行为，税务机关追缴其不缴或者少缴的税款、滞纳金，并处不缴或者少缴的税款 50%以上 5 倍以下的罚款。答案为 A。

17. C

解析：随意增加纳税人的纳税义务不是税务机关的义务，税务机关应依法征管，不能随意增加纳税人义务。A 选项宣传税法是税务机关的义务；B 选项纳税人信息保密是税务机关的义务；D 选项依法办理税务登记是征管中的义务。答案为 C。

18. A

解析：个人所得税中综合所得适用七级超额累进税率。答案为 A。

19. C

解析：房产税的计税依据为房产余值或房产租金收入，不包括房产的购置价格。答案为 C。

20. A

解析：城镇土地使用税的征税范围是城市、县城、建制镇和工矿区。答案为 A。

21. C

解析：契税以在我国境内转移土地、房屋权属为征税对象。A 选项，契税由买方缴纳；B 选项，契税税率有多种情况；D 选项，契税对单位和个人征收。答案为 C。

22. D

解析：我国并非对所有进口货物都征收高额关税，有多种关税政策，如最惠国待遇关税等。A 选项，关税课税对象正确；B 选项，进口关税和出口关税是关税的分类；C 选项，关税由海关征收正确。答案为 D。

23. A

解析：企业发生的公益性捐赠支出，在年度利润总额 12%以内的部分，准予在计算应纳税所得额时扣除。答案为 A。

24. B

解析：增值税一般纳税人计算应纳税额的公式为应纳税额 = 当期销项税额 - 当期进项税额。A 选项是小规模纳税人公式(简易计税)；C 选项是计算销项税额的部分公式；D 选项适用于营业税(已营改增，但此公式体现营业税计算原理)。答案为 B。

25. B

解析：税收征管法适用于税务机关征收的各种税收。A 选项，不只适用于内资企业；C 选项，不只适用于个人所得税；D 选项，不只适用于企业所得税。答案为 B。

26. A

解析：对于未按照规定设置、保管账簿或者保管记账凭证和有关资料的纳税人，税务机关可以责令限期改正，可以处 2000 元以下的罚款；情节严重的，处 2000 元以上 1 万元以下的罚款。答案为 A。

27. B

解析：纳税人自结算缴纳税款之日起 3 年内发现多缴税款的，可以向税务机关要求退还多缴的税款并加算银行同期存款利息。答案为B。

28. C

解析：从事生产、经营的纳税人自领取营业执照之日起30日内办理税务登记。A选项，不仅企业，其他从事生产经营的纳税人也需办理；B选项，税务登记是重要征管程序，不是可有可无；D选项，税务登记内容包括多项信息，不仅仅是纳税人名称。答案为C。

29. B

解析：税收管理员不能随意调整纳税人的应纳税额，应纳税额的调整需要遵循法定程序。A选项，负责日常管理和纳税服务是税收管理员的职责；C选项，监控税源情况正确；D选项，宣传税收政策也是其职责。答案为B。

30. C

解析：税务机关对举报案件经查实后，应当按照规定给予举报人奖励。A选项，税务机关必须对举报人的信息保密；B选项，举报人可以实名也可以匿名举报；D选项，任何人都可以举报税收违法行为。答案为C。

二、多项选择题

1. ABCD

解析：税务机关有权对纳税人、扣缴义务人、纳税担保人和与纳税相关的第三方进行税务检查。纳税人是直接纳税主体；扣缴义务人有代扣代缴税款的义务；纳税担保人在纳税人未履行纳税义务时承担担保责任；与纳税相关的第三方可能掌握纳税人的相关涉税信息。答案为ABCD。

2. AB

解析：AB属于税收保全措施。C和D属于税收强制执行措施。税收保全措施是在规定的纳税期之前，为防止纳税人逃避纳税义务而采取的限制纳税人处理或转移商品、货物或其他财产的措施。答案为AB。

3. ABCD

解析：直接申报是纳税人直接到税务机关办理纳税申报；邮寄申报是通过邮政部门寄送申报资料；数据电文申报利用电子方式申报，如网络申报；简易申报适用于实行定期定额征收方式的纳税人。答案为ABCD。

4. ABCD

解析：ABCD都是税务机关核定应纳税额的方法。当遇到纳税人的计税依据明显偏低又无正当理由等情况时，税务机关可采用这些方法核定应纳税额。

5. ABC

解析：ABC 正确。从滞纳税款之日起，按日加收滞纳税款万分之五的滞纳金，滞纳金是对未按时纳税的经济制裁，且不得在计算应纳税所得额时扣除。D 选项错误，纳税人即使有特殊困难，经税务机关批准，可以延期纳税，但仍需缴纳滞纳金。

6. ABCD

解析：ABCD 都正确。这些都是纳税人在税收征管过程中的合法权利，保障纳税人的这些权利有助于维护税收征管的公平公正。

7. ABCD

解析：ABCD 都是税务登记的类型。开业登记是企业等纳税人设立时的登记；变更登记是纳税人登记内容发生变化时进行的登记；注销登记是纳税人终止纳税义务时的登记；停业、复业登记适用于实行定期定额征收方式的个体工商户。

8. ABC

解析：ABC 影响应纳税额。计税依据是计算应纳税额的基础；税率直接决定了纳税的比例；税收优惠会减少应纳税额。纳税期限主要是规定纳税的时间范围，不直接影响应纳税额的计算。

9. ABCD

解析：ABCD 都属于企业所得税的税收优惠。免税收入如国债利息收入等；加计扣除如研发费用加计扣除；减计收入如综合利用资源生产产品取得的收入减计；税额抵免如购置环境保护、节能节水、安全生产等专用设备的投资额的 10%可以从企业当年的应纳税额中抵免。

10. ABCD

解析：ABC 属于增值税的征收范围。销售货物，提供加工、修理修配劳务，进口货物是增值税的传统征收范围。销售不动产属于营业税改征增值税后的征收范围，但从广义的增值税征收范围来说也是正确的，所以 ABCD 都符合。

11. ABCD

解析：ABCD 都正确。发票管理有地域限制、对空白发票出入境有限制，并且开具要遵循规定，发票不得转借、转让、代开，以保障税收征管的准确和规范。

12. ABC

解析：ABC 可能构成偷税行为。这些行为都是通过不正当手段逃避纳税义务。D 选项不按照规定办理税务登记属于违反税务登记管理规定，不属于偷税行为的直接认定情况。

13. ABCD

解析：ABCD 都正确。这是消费税不同应税消费品在不同纳税环节的规定，明确了纳税义务发生的具体环节。

14. ABC

解析：ABC 是纳税评估重点分析的内容。通过对纳税人的纳税申报数据、财务会计报表数据以及税务机关掌握的其他数据进行分析，评估纳税人纳税申报的真实性、准确性等。纳税人的经营规模只是一个方面的参考因素，不是纳税评估重点分析的内容。

15. AB

解析：AB 属于税收强制执行措施。加收滞纳金属于对未按时纳税的一种处罚性措施，不属于强制执行措施；限制纳税人的人身自由是违法的，税务机关无权这么做。

16. ABC

解析：ABC 正确。年应征增值税销售额未超过规定标准的纳税人，可以登记为小规模纳税人；小规模纳税人实行简易计税方法，征收率一般为 3%（疫情期间有特殊规定）。D 选项错误，小规模纳税人可以使用增值税专用发票，只是有一定的限制和规定。

17. ABCD

解析：ABCD 都正确。明确了资源税的纳税义务人、征收方式、视同销售情况以及征税范围等重要内容。

18. ABCD

解析：ABCD 都是个人所得税的应税项目。此外还有经营所得，利息、股息、红利所得等多种应税项目。

19. ABCD

解析：ABCD 都正确。准确阐述了土地增值税的征税对象、税率、扣除项目和计税依据等关键内容。

20. ABCD

解析：ABCD 都是印花税的应税凭证。印花税是对经济活动和经济交往中书立、领受应税凭证征收的一种税。

21. ABCD

解析：ABCD 都是车辆购置税的应税行为。只要发生这些行为，就需要缴纳车辆购置税。

22. ABCD

解析：ABCD 都正确。纳税信用管理是税收征收管理的重要部分，通过对纳税人纳税信用的管理，可以提高纳税人的纳税遵从度。

23. ABCD

解析：ABCD 都正确。这些都是城镇土地使用税的基本规定，包括计税依据、纳税主体、税额形式和缴纳方式等。

24. ABCD

解析：ABCD 都可能是契税的计税依据。成交价格是常见的计税依据；如果成交价格明显低于市场价格且无正当理由，则按市场价格计税；交换土地、房屋时，以价格差额计税；对于某些特殊情况，税务机关可核定价格计税。

25. ABC

解析：ABC 是关税的减免类型。法定减免是根据关税法律规定给予的减免；特定减免是针对特定地区、特定企业或者特定用途给予的减免；临时减免是在特定情况下给予的减免。不存在随意减免的情况。

26. ABCD

解析：ABCD 都是企业所得税中不得扣除的项目。这些项目如果扣除会影响企业所得税计算的准确性和合理性。

27. ABD

解析：ABD 属于合法的税收筹划方式。利用税收优惠政策和选择合理的会计处理方法是常见的合法筹划方式；通过关联交易转移利润在合法范围内也是可行的，例如符合独立交易原则等。C 选项利用税收征管的漏洞是不合法的行为。

28. ABC

解析：ABC 正确。一般纳税人通过防伪税控系统使用专用发票，有最高开票限额管理，并且不得虚开、转借、转让、代开专用发票。D 选项错误，小规模纳税人可以开具专用发票(在特定情况下)。

29. ABCD

解析：ABCD 都是税务机关在税务检查时可以采取的措施，这些措施有助于税务机关全面了解纳税人的纳税情况，保障税收征管的准确和公正。

30. ABCD

解析：ABCD 都正确。专项附加扣除是个人所得税改革的重要内容，涵盖多个项目，纳税人可自行申报，各项目有不同的扣除标准，目的是减轻纳税人税收负担。

31. ABC

解析：ABC 正确。《税收征收管理法》适用于依法由税务机关征收的各种税收的征收管理，包括国内税收和涉外税收，但不适用于关税和船舶吨税的征收管理。海关代征的进口环节增值税、消费税的征收管理适用海关的相关规定，而不是《税收征收管理法》，D 选项错误。

32. ABC

解析：ABC 正确。纳税期限是纳税人缴纳税款的期限，不同税种根据自身特点纳税期限不同，可分为按期纳税和按次纳税。D 选项错误，税务机关可根据法定情形(如纳税人有特殊困难等)批准延长纳税期限，而不是根据纳税人要求。

33. ABC

解析：ABC 是纳税担保的形式。保证是由纳税保证人提供的担保；抵押是纳税人或纳税担保人以财产作为抵押物提供的担保；质押是纳税人或纳税担保人以动产或权利凭证作为质物提供的担保。留置不属于纳税担保形式。

34. ABD

解析：ABD 正确。加强税收征管信息化建设可以提高征管效率，减少人为错误；提高纳税人的税法意识有助于纳税人自觉遵守税法，减少逃税行为；简化税收征管流程可以减少不必要的行政环节，提高效率。增加税收征管人员数量并不一定能提高效率，反而可能增加成本。

35. ABC

解析：ABC 正确。提高税率、扩大税基和减少税收优惠都是税收征收的合法手段。

36. ABD

解析：ABD 正确。加强税务稽查可以发现并制止逃税行为；提高税收征管人员的专业水平有助于更准确地执行税法；完善税收法规可以堵住税收漏洞。增加税收征管人员数量本身并不能直接防止税收流失。

37. BCD

解析：BCD 正确。税收优惠政策的设置如果不公正，会影响税收的公平性；税收征管的严格程度不一也会导致不公平；税收法规的完善程度不足可能导致某些人利用漏洞逃税。税率的高低本身并不直接影响公平性，税率的设置是否合理和公平才会影响税收的公平性。

38. ABC

解析：ABC 正确。加强税法宣传教育可以提高纳税人的法律意识；提高税收征管的透明度可以增加纳税人的信任感；简化税收申报流程可以减少纳税人的负担。增加税收征管人员数量与提高纳税人的税法遵从度没有直接关系。

39. ABCD

解析：ABCD 正确。经济周期的变化会影响税收的稳定性；税收政策的调整可能导致税收收入的波动；税收征管的效率不高可能导致税收收入不稳定；纳税人的税法遵从度不高也会影响税收的稳定性。

40. ABC

解析：ABC 正确。公开税收法规、公开税收征管流程和公开税收优惠政策都可以提高税收的透明度，增加纳税人的信任感。增加税收征管人员数量与提高税收透明度没有直接关系。

三、判断题

1. ×

解析：税务机关查询纳税人银行账户需要符合法定程序，并非可以随时查询所有纳税人的银行账户，必须经县以上税务局(分局)局长批准，并且要有相关的事由依据等。

2. ×

解析：税务登记只是纳税人纳入税收管理的一个环节，纳税申报是纳税人按照税法规定的期限和内容，向税务机关提交有关纳税事项书面报告的法律行为，二者功能不同，办理税务登记后仍需按时进行纳税申报。

3. ×

解析：小规模纳税人在特定情况下可以使用增值税专用发票，例如可以向税务机关申请代开增值税专用发票等。

4. ×

解析：税收滞纳金的比例是法定的，从滞纳税款之日起，按日加收滞纳税款万分之五的滞纳金，税务机关不能自行确定。

5. √

解析：这是税务机关核定应纳税额的法定情形之一，目的是防止纳税人通过不申报来逃避纳税义务。

6. ×

解析：企业所得税的应纳税所得额是企业的收入总额减除不征税收入、免税收入、各项扣除以及允许弥补的以前年度亏损后的余额，并不等于收入总额。

7. √

解析：税收保全措施是税务机关依法采取的强制性措施，不需要经过纳税人同意，但是必须遵循法定程序，如经县以上税务局(分局)局长批准等。

8. ×

解析：大多数税收优惠政策需要纳税人自行判断是否符合条件，并按照规定向税务机关提出申请，经审核后才能享受，并非税务机关自动给予。

9. ×

解析：消费税除了在生产环节征收外，对于部分应税消费品在批发环节(如卷烟)、零售环节(如金银首饰、钻石及钻石饰品)也征收。

10. ×

解析：纳税人对税务机关作出的处罚决定不服的，应先申请行政复议，对行政复议决定不服的，才可以向人民法院提起诉讼(除特定情况可直接起诉外)。

11. ×

解析：土地增值税是对转让国有土地使用权、地上建筑物及其附着物并取得收入的单位和个人征收的一种税，并且有扣除项目等相关规定，并非只要土地有增值就缴纳，要根据规定计算增值额确定是否纳税。

12. ×

解析：居民纳税人负有无限纳税义务，应就其来源于中国境内和境外的所得缴纳个人所得税；非居民纳税人负有有限纳税义务，仅就其来源于中国境内的所得缴纳个人所得税，二者纳税义务不同。

13. ×

解析：除了加收滞纳金外，税务机关还可以采取税收保全措施、强制执行措施等多种手段来促使纳税人履行纳税义务。

14. ×

解析：车辆购置税的计税依据是应税车辆的计税价格，计税价格根据不同情况有不同的确定方法，不完全等同于销售价格。

15. ×

解析：资源税是对在中华人民共和国领域及管辖海域开采应税资源的单位和个人征收的税，计税依据不只是销售额，还有从量计征等情况。

16. ×

解析：税务代理机构只是为纳税人提供代理服务，纳税人仍然是纳税义务的主体，需要承担相应的纳税义务。

17. ×

解析：城镇土地使用税以纳税人实际占用的土地面积为计税依据，土地面积计量标准为平方米，但是在土地面积未测定等特殊情况下，还有其他计量方式。

18. ×

解析：虽然印花税的纳税人为书立、领受应税凭证的单位和个人，但并不是所有合同都属于应税凭证，有明确的应税合同范围。

19. ×

解析：税务机关进行纳税评估时，不仅要查看纳税申报资料，还会查看财务会计报表数据、税务机关掌握的其他数据等多方面信息，综合评估纳税人纳税申报的真实性、准确性等。

20. ×

解析：无论是否享受税收优惠，纳税人都需要按照规定进行纳税申报，在申报中体现税收优惠相关情况。

21. ×

解析：企业所得税有基本税率，但也存在优惠税率等情况，例如小型微利企业适用较低的优惠税率，并非固定不变。

22. ×

解析：税务机关应按照税法规定确定纳税人的应纳税额，不能根据本地财政收入需求随意调整，必须依法征管。

23. ×

解析：增值税一般纳税人的进项税额需要符合规定条件才可以从销项税额中抵扣，例如取得合法有效的扣税凭证、用于应税项目等。

24. √

解析：这是契税纳税义务发生时间的规定，明确了契税纳税义务产生的具体时刻。

25. √

解析：关税的完税价格是海关征收关税的依据，是海关根据有关规定对进出口货物进行审定或估定后通过估价确定的价格。

26. ×

解析：纳税人如果对核定的应纳税额有异议，可以按照规定提供相关证据等进行调整或申诉。

27. √

解析：这是税收保全措施的相关规定，纳税人在限期内缴纳税款，税务机关应解除保全措施以保障纳税人的合法权益。

28. ×

解析：劳务报酬所得适用比例税率，税率为20%，但是对劳务报酬所得一次收入畸高的，可以实行加成征收。

29. ×

解析：纳税人因不可抗力不能按期办理纳税申报的，应在不可抗力情形消除后立即向税务机关报告，税务机关可酌情准予延期申报。

30. ×

解析：纳税担保书须经纳税人、纳税担保人和税务机关签字盖章后才为有效，但纳税担保人同意为纳税人提供纳税担保的，纳税担保书应由纳税人和纳税担保人签字盖章后交税务机关确认，并非同时签字盖章。